# 管理研究

## 2020 年第 2 辑

邓大松 向运华 主编

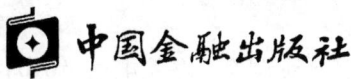

责任编辑：赵晨子
责任校对：孙　蕊
责任印制：陈晓川

**图书在版编目（CIP）数据**

管理研究．2020年．第2辑/邓大松，向运华主编．—北京：中国金融出版社，2021.7
ISBN 978-7-5220-1239-1

Ⅰ.①管… Ⅱ.①邓…②向… Ⅲ.①管理学—研究 Ⅳ.①C93

中国版本图书馆 CIP 数据核字（2021）第139796号

管理研究．2020年．第2辑
GUANLI YANJIU. 2020 NIAN. DI-2 JI

出版　中国金融出版社
发行
社址　北京市丰台区益泽路2号
市场开发部　（010）66024766，63805472，63439533（传真）
网 上 书 店　www.cfph.cn
　　　　　　（010）66024766，63372837（传真）
读者服务部　（010）66070833，62568380
邮编　100071
经销　新华书店
印刷　北京九州迅驰传媒文化有限公司
尺寸　169毫米×239毫米
印张　7.75
字数　105千
版次　2021年8月第1版
印次　2021年8月第1次印刷
定价　30.00元
ISBN 978-7-5220-1239-1
如出现印装错误本社负责调换　联系电话（010）63263947

# 编委会
(按拼音排序)

陈振明　邓大松　董克用　范如国　贺雪峰　李　光
李维安　娄成武　马　骏　马费成　马培生　倪　星
欧名豪　苏　竣　童　星　王广谦　王培刚　王浦劬
席酉民　向运华　徐晓林　薛　澜　郁建兴　袁志刚
张水波　赵建国　周茂荣

# 目 录
○○○ contents

001　杨　森　"制造自愿":农村房屋拆迁中基层政府的动员
　　　　　　　策略研究
　　　　　　　——基于江苏省Y镇的实地调查

010　常懿心　"后疫情时代"中国公共经济政策的有效协调及
　　　　　　　应对举措

019　雷咸胜　"十四五"时期中国特色医疗保险制度的改革
　　　　　　　方向

032　尹　婷　长三角门诊费用跨省直接结算政策推行现状及效
　　　　　　　果分析

051　向运华　突发公共卫生事件中保险业的反思
　　　金巧森
　　　谭健翔
　　　王冬雨
　　　别少楷

066　罗　静　义务教育均等化的再理解与资源调整策略
　　　沙治慧　　——以重庆市为例

| | | |
|---|---|---|
| **090** | 罗依平<br>倪　锐<br>谭步康 | 决胜全面小康背景下怀化市乡村文旅融合发展的实现途径研究 |
| **100** | 乔鹏程 | 区块链技术"新基建"的会计数据管理理论构建研究 |

# "制造自愿"：农村房屋拆迁中基层政府的动员策略研究
## ——基于江苏省Y镇的实地调查*

◎杨 森

南京师范大学社会发展学院

**摘 要**：近年来，随着文明拆迁的不断推进与强调，暴力拆迁已经逐渐退出了历史舞台。为了顺利推进地方的拆迁工作，基层政府创造出了一套以"情"制造"自愿"和用"义"制造"自愿"的组合动员策略。短期来看，这种被制造出来的"自愿"既确保了基层拆迁政治任务的高效完成，也避免了干群之间的直接冲突与对抗。然而长期来看，这种表面自愿的背后隐藏着农民内心深处被压抑的不愿，由此可能会加大基层治理的风险，甚至衍生出更多的社会问题。

**关键词**："制造自愿" 农村拆迁 基层政府 动员策略

## 一、问题提出与文献回顾

城镇化作为工业化与现代化的产物，是社会文明进步的重要体现。它

---

\* 本文系江苏省决策研究基地立项课题"江苏城市社区纠纷治理中的组织化协商机制构建"（项目号：20SSL081）。

推动了我国传统农业、农村、农民的现代化转型，并在一定程度上加快了整个国家由传统社会走向现代社会的文明进程。然而，从当下中国城镇化的发展现状来看，农村人口大量外流和村庄进一步"空心化"的现象仍在持续，就此而言，将凋零衰败的农村进行合理的整合与集聚，对于改善农村人居环境、提升村庄公共服务水平、建设美丽宜居新乡村，进而实现城乡融合发展，无疑具有重要的现实意义。需要指出的是，乡村的城镇化毕竟是一项颇为庞杂的系统工程，其推进步骤涉及村庄聚落空间的规划、土地征收及房屋拆迁、村民的重新安置以及公共设施的建设等诸多方面，其工作难度集中体现在乡村治理中各方行动主体之间复杂的利益博弈和产权重置。[1]此外，由于拆迁补偿中所存在的巨大利益空间以及各方参与主体所掌握的权力、经济、关系等资源的不均衡，利益分配中一些争夺与冲突行为的发生有时也就在所难免。[2]在这个充满智慧的村庄博弈场上，乡村干部和村民之间你来我往，共同形塑了基层治理实践中的基本形态。

　　近年来，学界对基层治理中地方政府的策略行为进行了大量研究。随着农业税的取消，我国农村面临着许多新的问题，如村庄人口持续外流、村民之间互动不断减少、基层组织资源匮乏、乡村社会"去熟人社会化"等，进而导致了"乡村治权弱化"这一现象的产生。治权的弱化致使农村社会内部愈加涣散，并进一步蚕食了乡村自我解决问题的能力。随着集体力量的退出与村庄舆论约束力的下降，一方面，公共物品难以实现村庄自给；另一方面，国家划拨的政策资源也很难进行有效分配，同时村庄内部出现的各种纠纷也更加难以自主解决。[3]乡村干部作为基层治理过程中的重要行为主体，不仅需要完成地方政府下派的各项工作任务，还要保障村庄居民的基本生活，即必须有效协调好政府工作与村民利益之间的平衡关系。然而问题在于，随着依法治理、"和谐"治理以及建设服务型政府等理念的相继推出，基层干部的行为得到一定规范，干群之间的关系也得到了部分缓和，但与此同时，基层政权的手脚也在很大程度上被束缚住了[4]。此外，在压力型体制与国家、村庄之间的二元社会结构下，乡村干部往往位于基层各种矛盾冲突的风口浪尖，单纯的国家代理人角色往往使村干部被村民们视作"为他们（政府）办事的人"，从而被村民的疏远；同时，村干部的农民身份又导致他们很难与行政体制内的政府组成紧密的利益共同体，更不用设想与其风险共担，一同进退了。由此可以看出，乡村干部一方面为政府和农民所需要，另一方面却又无法被二者真正接纳，处在一种两面受夹的无根亦无助状态之中，沦为一种颇为尴尬的"双重边缘人"。[5]事实上，尽管乡村因受到现代性要素的冲击，致使传统社会较为紧密的熟人社会网络发生了一些松动，但后者并未完全消逝。因此，地方干部在对乡村基层做动员工作时，往往会借助一些"体制外资源"，通过一种所谓的"正式权力的非正式运作"来完成各种行政任务。例如，有学者指出，基层政府能够凭借权力支配与利益置换的结合，形成一种"权力—利益之网"来促使乡村干部在执行政策时与其保持一致；同时借助政治伦理与社会伦理的结合，构建一种"公—私伦理之网"以保证乡村干部的行为和其预期相符。[6]也有学者指出，乡村干部往往会将各种正式和非正式的资源进行"捆绑"，通过情感、利益的"连带"来规制农民，从而完成治理目标。[7]值得一提的是，随着近年来政府征地拆迁政策的调整，"强制性拆迁"已经逐渐退出历史舞台，一种替代性的策略——基于基层民众文化、心理结构的"关系式迫迁"却在悄然登场。具体而言，这种"关系式迫迁"是指统筹各种社会资源，依靠情感或利益输送的方式，迫使拆迁户出于人情与脸面的"不好意思"，抑或基于切身利益的勾连而"自愿"接受拆迁方案。[8]此外，温铁军等基于国家总体安全的视角，指出尽管乡村正在成为制造诸多安全风险且将风险持续外溢，进而对国家总体安全造成严重负外部性的场所，但乡村依然存在着成为国家安全危机"软着陆"载体的可能，并因此将其形象地称为"气球"与"海绵"。[9]或许正如周雪光所言，中国的城镇化过程无疑会是一场意义深远的社会变革，它将加速推进社会运行与国家治理模式的转型，并对中国的未来发展轨迹产生较为深远的影响。[10]

## 二、田野地点与研究方法

本文的田野地点 Y 镇位于江苏省 P 市（县）① 南部，镇域面积 57 平方公里，下辖 12 个行政村、3 个居委会，总人口约 3.7 万人。基于改善农村人居环境，建设美丽宜居乡村，提升村民群众的居住条件、公共服务和文明程度，推进乡村振兴，实现城乡融合发展等多重目标同步推进的统筹考虑，自 2018 年起 Y 镇便逐步推行"农房改造"项目。经过两年左右的筹划和动员工作，Y 镇已经顺利完成了一个村的搬迁与改造任务，并积累了诸多宝贵经验。有鉴于此，2020 年 7 月，Y 镇出台了进一步推进镇域范围内农房改造的方案，并在之前经验累积的基础上，欲在 15 天之内一举推进 P 村与 N 村两个村庄的拆迁工作。经初步调查摸底，此次搬迁 P 村所涉及农户 301 户，房屋总建筑面积约 4.9 万平方米；N 村共涉及农户 335 户，房屋总建筑面积约 5.1 万平方米。为了集中领导与统一指挥，Y 镇专门成立了"搬迁指挥部"，由镇人大主席出任总指挥长，镇党委副书记任副指挥长，并集中全镇的乡村干部组成 18 个小组集中做两村的搬迁动员工作。此外，为了更好地推进此次拆迁工作，Y 镇还以购买社会服务的方式分别引入了两家房地产评估公司与两家拆迁公司。

笔者于 2020 年 7 月进入田野，进场具有一定的偶然性。Y 镇搬迁正式开始的第一天，笔者的一位亲友②在聊天之时无意间提起了此次搬迁之事，基于学术的敏锐性，笔者表达了前往一番"体验"的想法，该亲友在与 Y 镇搬迁项目相关负责人沟通之后，欣然表示同意："指挥部里安排有住宿和伙食，你（笔者）过来也就是多一双碗筷和一床被子的事，没什么麻烦的。"为了尽可能多地观察到此次拆迁动员过程的全貌，笔者第二天一早便出发前往 Y 镇，并在到达后详细地了解了第一天的拆迁情形。此次田野调

---

① P 市是一个县级市，属于省辖县级市，由 X 地级市代管。另外，遵照学术惯例，本文对相关的地名和人名进行了技术处理。

② 该亲友在 P 市地税局任职，现挂职于 Y 镇镇党委副书记，为"指挥部"的一员。正是得益于此亲友的帮助，笔者才得以在 Y 镇较为顺利地展开了相关的田野研究工作。

查，笔者主要运用了参与式观察与深度访谈的方法①。具体而言，笔者"化身"为一名乡村干部，食宿皆在"指挥部"，白天跟着工作组成员入户做村民动员工作，夜晚旁听政府的总结调度会议。在这种近乎全天式的"形影相随"下，笔者较为全面地观察到了拆迁过程中所发生的重要事件，并真实地记录了相关"行动者"之间互动时的"情景"和"话语"。在长达数天的调研中，笔者也与Y镇的乡村干部建立了深厚的友谊，他们经常会在"闲聊"之中向笔者分享拆迁的经验感受，且多数主动愿意讲解"拆迁那些事儿"。正是在这种消除了"警戒"与"防范"的朋友关系下，笔者才得以收集到这些异常珍贵且真实可靠的第一手资料。

### 三、"制造自愿"：Y镇农房拆迁中基层政府的动员策略

作为基层治理中重要行为主体的乡村干部，背负着国家政权代理人与村民利益当家人的双重身份角色，既要完成上级政府所下发的政策任务，又要回应和满足来自村庄内部的各种差异化诉求。然而，伴随着从"管理"到"治理"理念转变以及对"和谐"治理方式的强调，暴力拆迁已经成为地方政府不敢触碰的"高压线"，由此导致的结果：一方面，基层干部的行为得到了很大程度上的规范；另一方面，其手脚也在一定程度上被束缚住了。也正因如此，作为代理人与当家人的Y镇乡村干部，只得运用"情、义、势"这类体制外资源，通过以"情"制造"自愿"和用"义"制造"自愿"两种策略的综合运用，试图让村民配合小镇的拆迁工作。

#### （一）以"情"制造"自愿"

改革开放以来，随着现代力量在乡村社会的逐渐渗透，村庄地方性规则的约束力已经不断呈现出下降的趋势，而新的社会规则又尚未完全形成，

---

① 需要指出的是，在此次田野调查中，笔者并未严格按照事先拟定好的调查提纲去逐一寻访相对应的材料，而是尽可能地使提纲处于一种"悬置状态"。正如曹锦清所言，有提纲而将其悬置起来，入场保持一种"好奇"与"无知"状态，使耳目随身处在"现场"中，让好奇之思始终保持着一种审视与思考状态，这样才有利于发现新情况、新问题。参见曹锦清. 黄河边的中国：一个学者对乡村社会的观察与思考（下）[M]. 上海：上海文艺出版社，2013：356.

由此加重了乡村基层治理的难度。[11]就目前村庄实际情况来看，随着日常生产、生活中村民互动与联系的减少，广大农村的社会关联度已经逐渐下降，基于血缘和地缘形成的人情社会网络也日益松懈，村庄共同体意识衰弱，产生于乡村社会的地方性规范和村庄舆论已经越来越难以对部分村民的"出格"行为造成有效约束。[12]尤其近年来中央政府对文明拆迁的愈加重视与强调，使暴力拆迁成为地方政府不敢触碰的高压线。为了更好地贯彻与完成这项时间紧、任务重的"中心工作"，Y镇拆迁动员工作组的乡村干部多会选择借助人情、关系等资源，通过"公私结合"抑或"由公转私"的方式，将疏离陌生的官民关系转化为亲密熟悉的朋友关系。当乡村干部与村民的关系由工作中的"配合"变为朋友间的"帮忙"时，基于朋友关系所蕴含的伦理道德因素要求双方之间必须互相体谅和帮助。例如，在Y镇调研时村民周老三曾对笔者提道：他们（乡村干部）有他们的任务，我也有我的权利，再说我跟他们又不沾亲带故的，凭什么帮他们啊，我也没有义务配合他们的工作。不过后来我"拜把兄弟"赵大哥①来了，他说算是兄弟以私人关系求我帮的这个忙。如果换了别人，我或许还能推脱，可我们这么多年的兄弟感情，他都张口（请我帮忙配合拆迁）了，我还能不拆吗②。

（二）用"义"制造"自愿"

随着城镇化进程的不断推进，在当前以及未来一段相当长的时期内，农村大量人口外流以及伴随而来的村庄进一步空心化的现象仍将继续，乡村凋零衰败的趋势似乎也是难以抵挡的。从这个意义上讲，实施乡村振兴战略，对分散破败的农村进行有序的、合理的整合与集中，以呈现更加美丽宜居的乡村新面貌、提供更加完善多样的村庄公共服务，也确实是一项颇为值得肯定的惠民工程。对于小镇多数被拆迁村民来说，他们的生活本不算富裕，加之拆迁补偿中所存在的巨大利益空间，他们想要抓住这最后的一次机会，尽可能多地为自己多争取一些利益，显然也是无可厚非的。

---

① 结为拜把兄弟，说明周、赵二人关系很要好。赵现为Y镇土地所所长，虽没有被直接安排动员任务，但也会时常陪着我们到所拆迁村庄走走看看。
② 2020年7月13日对被拆迁村民周老三的访谈资料整理。

从乡村干部角度讲，尽管被视作"干部"为政府办事，但终究还是村庄社会的一员，他们日常的生活范围、社会关系依旧在村庄社会，若是因为拆迁的事儿跟村民闹得不愉快甚至起了冲突，显然代价太高，得不偿失。然而对于世代生活于村庄里的农民来说，土地（宅基地）以及建于其上的房屋的意义已经不再只是一处栖身居住之所，而是深含着他们对逝去亲人、祖先的思念，正是这种源于内心深处的"祖屋情结"，使他们不愿也不忍搬迁离去。于是，原有的以"情"制造出的"自愿"便会在此时失灵，乡村干部只得动用另一种策略——用"义"制造"自愿"，来保证拆迁工作的顺利推进。事实上，在中国现行的话语体系下，强调国家利益高于个人利益，甚至在必要之时牺牲个人利益以维护国家利益已成为一项不可推却的"大义"要求。笔者在此次Y镇的农房拆迁中发现，基层干部会建构一套"惠民工程""为民服务""为全村大局考虑"等正义性话语体系，从而对那些试图阻碍村庄搬迁大局的村民形成一种"正义性绑架"，迫使他们服膺。在入户做动员工作时，60多岁老李的一席话时常萦绕在笔者的心头："这处宅子是我去世的父母留给我的，几十年了我一直住在这里，这里有着我对过去生活的回忆和对二老的思念。这跟补偿给我多少钱没有关系，我内心真的不想搬走。不过你们干部说这次农房改造是国家的惠民工程，是在为人民服务，不能因为我一个人破坏了全体村民住上新房子的愿望，到时候因为我一人不搬迁，导致俺村所有人的新房盖不起来，那我岂不成了全村的罪人①。"

## 四、结论与讨论

在自上而下的压力型体制下，基层干部承担着上级政府层层下达的政治任务，尤其是在面对诸如农房拆迁这类时间紧、任务重、维稳压力大的"中心工作"时，仅仅依靠国家力量的支持是难以保证他们按时高效地完成工作任务的。与此同时，由于暴力拆迁已被明令禁止："采取暴力、威胁或者违反规定中断供水、供热、供气、供电和道路通行等非法方式迫使被拆

---

① 2020年7月16日对被拆迁村民老李的访谈资料整理。

迁户搬迁，造成损失的，依法承担赔偿责任；对直接负责的主管人员和其他直接责任人员，构成犯罪的，依法追究刑事责任"①。此外，处于国家行政体系最末端的乡村干部，因为直接面对基层民众，他们往往也处在各类矛盾纠纷的第一线，有时难免也会卷入一些冲突中，加之个别媒体为了博取大众眼球和攫取流量，而大肆渲染极个别基层干部的不当处置方式的影响，以及社会上普遍存在着的对农民这类弱势社会群体的"泛道德同情"，甚至出现一种将乡村干部"妖魔化"的现象。[14]一言以蔽之，在没有得到农民自愿拆迁的前提下，Y镇的乡村干部是没有任何人敢去动他们房子的。也正因如此，小镇的乡村干部们颇具智慧地运用了（或者说是不得不采用）情和义这类"非正式资源"，通过以"情"制造"自愿"、用"义"制造"自愿"等策略的综合运用，试图让农民心甘情愿地同意拆迁。

从小镇拆迁工作的完成结果来看，地方干部这些动员策略确实取得了一定的成效：既降低了拆迁过程中干群激烈冲突发生的可能性，也缩短了此次中心工作的完成时间，兼顾了拆迁工作的稳定与高效。然而问题在于，上述通过情和义所制造出来的"自愿"充其量只能达到一种被动自愿，而不是主动自愿，距离让农民发自内心地接受拆迁、高兴搬家可能更是差之千里。从短期来看，上述"制造自愿"的拆迁动员策略或许在一定程度上推进了上级政策任务的顺利完成，也保住了乡村干部头顶的"帽子"与手里的"饭碗"；但是从长期来看，这种被制造出来的"自愿"显然只是一种表面现象，其背后隐藏着农民内心深处的被压抑的"不愿"，由此可能会加大乡村基层治理的风险，甚至会衍生出更多的社会问题。

**参考文献**

[1] 袁松. 何以走向协商治理？——城镇化与乡村治理的转型逻辑[J]. 思想战线，2020，46（4）：137-144.

---

① 摘自Y镇加快改善农民群众住房条件工作领导小组办公室印发的《P市Y镇房屋搬迁方案》，其政策依据来源于P政发〔2019〕19号《关于印发〈P市征收集体土地房屋补偿办法〉的通知》。

［2］杨华．农村征地拆迁中的利益博弈：空间、主体与策略——基于荆门市城郊农村的调查［J］．西南大学学报（社会科学版），2014，40（5）：39-49，181.

［3］董磊明．农村社会的结构性变迁与治权弱化［J］．人民论坛，2013（26）：11-13.

［4］田先红．乡村基层治理中的权利与义务平衡——以鄂中南部村庄为个案［J］．社会发展研究，2014，1（1）：53-80，243.

［5］吴毅．小镇喧嚣：一个乡镇政治运作的演绎与阐释［M］．北京：生活．读书．新知三联书店，2018：505-507.

［6］狄金华．"权力—利益"与行动伦理：基层政府政策动员的多重逻辑——基于农地确权政策执行的案例分析［J］．社会学研究，2019，34（4）：122-145，244-245.

［7］陈锋．连带式制衡：基层组织权力的运作机制［J］．社会，2012，32（1）：104-125.

［8］杨书房，张劲松．论基层政府"关系式迫迁"的纠偏［J］．行政论坛，2016，23（2）：48-52.

［9］温铁军，张俊娜，邱建生，董筱丹．国家安全以乡村善治为基础［J］．国家行政学院学报，2016（1）：35-42.

［10］周雪光．社会建设之我见：趋势、挑战与契机［J］．社会，2013，33（3）：11-17.

［11］李祖佩．乡村治理领域中的"内卷化"问题省思［J］．中国农村观察，2017（6）：116-129.

［12］贺雪峰．新乡土中国［M］．北京：北京大学出版社，2018：7-14.

［13］折晓叶．合作与非对抗性抵制——弱者的"韧武器"［J］．社会学研究，2008（3）：1-28，243.

［14］欧阳静．乡镇干部的真实生态［J］．中国党政干部论坛，2016（1）：70-72.

# "后疫情时代"中国公共经济政策的有效协调及应对举措

◎ 常懿心[①]
兰州大学经济学院

**摘　要**：目前，新冠肺炎疫情仍未在全球范围内得到有效控制，且国内部分地区时有新冠肺炎零星散发病例和聚集性疫情出现，影响经济社会的高效稳定运转和人民生活质量的稳步提升。公共经济政策作为调控宏观经济运行、指导人们经济活动的行动准则及措施，可直接或间接地发挥重要作用影响疫情防控。本文基于公共经济政策的类别属性，分别从财政、货币、产业、劳动就业、社会保障政策的宏观角度，探讨了"后疫情时代"公共经济政策的应对举措，以期抓住新冠肺炎疫情的契机，主动求变，转危为机。

**关键词**："后疫情时代"　新冠肺炎疫情　公共经济政策　中国　应对举措

新冠肺炎疫情作为自新中国成立以来传播速度最快、感染范围最广、防控难度最大的突发公共卫生事件，对经济社会发展及人民生活造成了巨

---

[①] 作者简介：常懿心（2000—），女，陕西洋县人，兰州大学经济学院，甘肃省兰州市，730107。

大影响。虽然当前我国已取得抗击新冠肺炎疫情斗争的重大战略成果，逐步过渡到"后疫情时代"，但国内部分地区时有新冠肺炎零星散发性病例和局部聚集性疫情出现，且国外疫情形势仍十分严峻，处于重要战略机遇期的中国应采取什么样的公共经济政策来有效应对此次疫情，转危为机？本文试图从公共经济学的视阈予以探讨和解答。

## 一、公共经济政策的范畴及界定

公共政策就是公共权力机关在对社会公共利益进行选择、综合、分配和落实的过程中并依据特定时期的目标、经由政治过程所选择和制定的行为准则。换句话说，即政府为了解决和处理公共问题，达成公共利益或公共目标，经过政治过程所发展出来的原则、方针、策略、措施和方法（张成福，2001：99）。[1] 公共经济政策是指以政府为主体，旨在调控宏观经济运行、指导人们经济活动，制定、实施的一系列与经济生活有关的行动准则及措施。公共经济政策是公共政策的一种具体政策类型，属于上层建筑的范畴，对经济基础和社会生产力有着强大的反作用。

一般而言，由于公共经济政策具有很强的实践性，涵盖内容非常广泛。从宏观上看，主要包括制定保持社会总供给和总需求趋于平衡、规划和调整产业布局的经济和社会发展战略；调节积累与消费之间的比例关系、实现社会财力总供给和总需求平衡的财政与货币政策；引导消费需求方向、调整和控制社会成员的收入分配秩序、满足人们精神、物质生活需求的收入分配政策等。具体而言，又包括税收政策、财政政策、金融政策、产业政策、贸易政策、收入分配政策、社会保障政策、劳动就业政策、教育政策、人口政策等诸多方面。接下来，我们基于上述分类，探讨"后疫情时代"公共经济政策的应对举措。

## 二、"后疫情时代"中国公共经济政策的应对举措

（一）着眼短期和长期财政政策共同发力，助力经济稳定增长

财政政策是指通过税收和公共支出等手段，来实现一定的经济、社会

发展等宏观经济目标的长期或短期财政策略。作为国家经济政策的有机组成部分，从财政政策的角度来讲，应对这场突如其来的新冠肺炎疫情，政府应灵活采取财政政策，主动承担助力经济稳增长的任务，对冲疫情影响。

一方面，在短期内需继续实行积极的财政政策，保障经济的平稳运行。具体而言，"后疫情时代"仍坚持抗疫纾困的精准性财政政策，延续财政部和税务总局出台的多项政策，针对个人所得税，允许疫情防治中的所得补助、奖励及医护用品免征个人所得税；针对企业所得税和增值税，允许生产疫情物资的企业将新购置的相关设备计入企业所得税予以税前扣除，允许因疫情亏损企业延长税收结转年限至8年，同时允许保障居民日常生活需要的交通运输业和快递物流行业等企业免征疫情期间的增值税。除此之外，各地在疫情应对中临时出台的减免中小企业税费和提供相关补贴等财税支持性措施可适当遵循，减轻企业后续运转压力。另一方面，在长期视角下要构筑应对突发公共卫生事件的可持续性财政体系，在公共治理层面补短板，提升宏观经济对冲外部风险的能力。具体来看，一是适当借鉴国际经验，在日常利用财政资金建立中小企业援助基金，将其作为赈灾贷款，并出台相应的可操作资助计划，减少突发事件对中小企业的冲击；二是调整现存的税收结构，保持增值税和所得税基本不变，促进消费税改革，提高劣质消费品、奢侈品和负外部性明显的产品税率，增加财政收入以缓解特殊时期的财政压力；三是依托新冠肺炎疫情的契机促成财政信息一体化发展，充分利用大数据信息在税收治理中的功效，通过对资金流、物流、发票流等数据的集中比较，掌握社会经济运行的风险指数，更好地进行宏观调控（白彦峰，岳童，2020）。[2]

当然，财政政策本身也具有自动调节功能，因此，需注意以下两点：第一，应对新冠肺炎疫情所采取的财政政策是以经济本身所具有的自发恢复能力为前提的诱导经济恢复、减轻企业负担政策，切勿过度干预市场经济的自发运行状况，短期刺激作用的政策需伴随"后疫情时代"的变化相应调整；第二，政策的主要载体是公共投资，以扩大公共投资规模作为启动民间投资的手段，同时也应以加大转移支付、财政补偿等其他方式，充分保障民众权益,维护其生活质量。

(二) 推动货币政策更好地为实体经济服务,调节宏观经济运行

货币政策是指中央银行为实现既定的经济目标(稳定物价,促进经济增长,实现充分就业和平衡国际收支)运用各种工具调节货币供给量和利率,进而影响宏观经济的方针和措施的总合。货币政策作为调节宏观经济运行的主要手段,在"后疫情时代",可从以下三点着手。

一是推动货币政策为实体经济服务,货币政策要趋向精细化、精准化调控。首先,在符合贷款信用评审等条件下,中央银行可把商业银行的存款准备金等以较小的利差直接放贷给实体企业,有效化解其资金急缺的窘境;其次,中央银行可给商业银行直接贷款,通过提供零利率或低利率的资金给商业银行,并要求商业银行将资金或贷款指令化,实现资金真正服务于有需求的企业,尤其是中小企业;再次,中央银行可加强和信息公司及信用公司的深入合作,如设立纯信用贷款,如果未按时按期还款或不能偿还的企业便停止其长期信用贷款,保障资金的应急效用和安全性;最后,依靠大数据,精准定位到中小企业和个人,中央银行借由特定机制进行资金的传导,实时化控制风险(陈炳才,2020)。[3]

二是加快人民币国际化步伐,稳定人民币汇率,提高服务实体经济的能力。首先,推动各主权国家建立真正意义上的相互信用,基于相互信任,签署相应协议并加以成文化、法律化规定,允许相互的货币作为计价、支付、交易等,减轻美元支付体系的不良影响,保证特殊时期我国实体经济的运行;其次,构建市场化的跨境支付体系,从两边支付体系开始,逐步扩展至多变,相互政府做好不过多干预的承诺,真正形成主权货币的支付结算体系;最后,积极引导人民币的汇率预期趋向稳定,吸引高端技术的外资进入,促进中国经济的稳定持续增长(陈炳才,2020)。[3]

三是正确引导市场主体和居民的预期。经济发展中由于市场机制的缺陷和市场信息的不对称,使市场主体和居民的预期很难做到正确、科学,新冠肺炎疫情出现时,这种问题尤为突出。为更好地缓解市场主体和居民的"心理恐慌",引导其储蓄和消费行为遵循理性化、合理化方向发展,就

需要掌握着大量综合信息的政府及其职能部门,根据市场发展状况,适时发布相关信息,正确引导人们的预期,有效调整人们的储蓄需求和消费需求,引导其正常消费与生活。

(三)促进产业政策的调整与提升,有效保障和改善民生

产业政策是指国家系统设计有关产业发展,特别是产业结构演变的政策目标和政策措施的综合。中国是世界上最大的发展中国家,人口众多、劳动力价格相对低廉、高科技技术成果相对欠缺、国内消费需求不足等原因促成在经济发展中采取以加工制造业为主的经济模式。如前所述,这种发展模式受到此次新冠肺炎疫情的严重冲击。本文认为,应充分利用新冠肺炎疫情的契机,从长远出发调整产业政策。

第一,应着重发展现代公共服务业,尤其是医疗卫生服务业。建立健全医疗卫生基础设施,在一些城市建设应对突发公共卫生事件的物资储备基地,保证如果再现类似应急事件,所有民众可得到充足的基本生活物资,所有病患能得到及时的隔离治疗,所有医护人员的医疗物资能得到最大程度的保障,促使疫情在短期内的有效控制和疫情形势的基本稳定(刘志彪,2020)。[4]

第二,侧重产业结构的提升。产业结构调整短期内无疑会造成阵痛,但新冠肺炎疫情正是优胜劣汰、推动中国经济转型的一个机遇。政府应以此次疫情防控为起点,加快调整和提升产业结构的步伐,淘汰一批落后的、低效能、高消耗的行业,重点发展社会信息化系统,推动线上交易产业的发展,加强和加快对信息化产业的相关投资,对冲经济下行压力,为信息化建设打好基础。

第三,重视基础产业发展。在"后疫情时代"到来之际,除加快产业结构调整外,还必须重视基础产业的发展。疫情期间出现的口罩奇缺、生活物资匮乏的困境警示我国要保证基础产业的质和量,在突发事件中提供充裕的应急物资和生活物资,有效保障民生。

(四)多种类吸纳劳动者就业,维护基本生活质量

就业是民生之本,是人民群众获得收入、维持生计和进一步改善物质

精神生活的基本保障。受此次新冠肺炎疫情的冲击，疫情期间的有效需求大幅度降低，沿海地区大批中小型劳动密集型企业已经或濒临破产，产业规模的缩小直接导致就业容量的减少，在就业市场吸纳人数减少的同时，急需被吸纳的就业人员的数量却在不断攀升。城市化进程中从农村土地上释放出来的数以亿计的农村剩余劳动力、数百万的高校毕业生、下岗失业的城镇居民……都使新冠肺炎疫情下的就业问题更加棘手。一国政府在制定就业政策时，尤其在全球性新冠肺炎疫情的笼罩与影响下，必须从多视角出发，全方位地考虑。

从公共政策的角度来看，首先，要在资金投入和政策优惠上加大对服务业等吸纳就业人数较多的第三产业类企业的扶持力度。比如，在贷款和税收政策上，可考虑加大对第三产业包括社区服务业的扶持力度，可以考虑对录用因疫情而失业的人员达到一定规模和一定使用期限的企业，由政府给予就业补助。同时，在调整、改善产业结构的同时，要继续保持、发展优势劳动密集型产业，注重技术研发和产业升级，吸纳更多的劳动力就业。

其次，鼓励创业。创业是最积极、最主动的就业。一个良好创业团队的产生、运转，可以解决一定数量的劳动力就业，还可以对其他创业者起到良好的示范作用，从而形成全社会良好的创业氛围。因此，政府必须把营造有利于创业的社会环境作为自己的重要职责，引导创业方向的选择，努力创造公平的就业环境，规范劳动力市场秩序，提供就业服务和完善社会保障体系，激发更多的人在市场经济环境中自主创业，以创业带动就业。尤其疫情对部分流动人口的就业选择产生了影响，应抓住返乡就业劳动力增多的机遇，帮扶有知识、有能力、有干劲的人才返乡创业。

最后，加强劳动力的职业技能培训，提高人力资本的技术含量，减轻突发公共卫生事件爆发等对低素质劳动力的打击。比如，进一步加强农民工的培训和职业技术教育，以解决因疫情冲击导致的缺乏技术的剩余劳动力无法就业的问题。针对应届大学生、研究生"后疫情时代"就业困难问题，教育部门和各院校应重视对岗位需求进行调查，根据社会需求情况调整招生规模、培养结构（尤其是研究生培养结构）和专业比例，在课程体系设计中增加实际工作技能培训、就业指导等课程。

（五）完善社会保障体制建设，熨平疫情经济创伤

社会保障制度是指国家通过立法，积极动员社会各方面资源，保障劳动者在年老、失业、患病、工伤、生育及遭遇各种意外灾害时的基本生活不受影响，同时根据经济和社会发展状况，逐步增进公共福利水平，提高国民生活质量的制度。此次新冠肺炎疫情切实威胁到全国民众的生命健康和生存发展，社会保障制度的"安全阀"和"减震器"作用在熨平经济创伤和民众生命威胁中起到了极为重要的作用，"后疫情时代"，在当前的经济形势下，加快完善社会保障体制建设，构建民生保障的应急机制更显突出。

一是要加强政府宏观干预，提高制度抗风险能力。针对新冠肺炎这种纯损失性的传染病风险，政府应进一步强化医疗保障制度在国家治理能力中的地位，增强危机意识，提高抗风险能力。首先，政府需完善法律法规，稳步增快法制化步伐，保证各项制度能提供稳定、清晰的安全预期，突出医疗保障的基础性地位、风险分担功能（John Richard Hicks，1939），[5]既要能满足民众日常诊疗需求，又要具备战疫能力和水平。其次，政府应将中医药融入应急管理体制中，构建中西医协作机制，充分利用中医历史悠久、功底深厚的优势，确保中医在第一时间掌握疫情等公共卫生事件的发展态势，及时作出应对。最后，政府可推动慈善捐赠等协同发展，面对大额的医疗费用支出和匮乏的医疗物资，中国慈善联合会监控到逾百亿元的慈善捐赠用于抗击疫情，为社会福利的实现提供了物资保障。

二是要增加医疗服务供给，改善社会总体福利。首先，针对医疗技术人员，需增加其数量、提升其水平，尤其政策应将注意点放在欠发达地区，摆脱这些地区有病难医的困境，增强患者个人的医疗资源获取能力。其次，应时刻保持科技攻关的决心和信心，加大医疗领域的科研投入，力促高校、科研机关与医院的合作，解决危机时期高端医疗器材供不应求的局面。最后，中央应对互联网医疗予以扶持，扫清医保报销等障碍，使其逐步过渡

到常态化运行，扩大社会成员的就医选择。

三是要始终秉持分配正义，满足患者诊疗需求。"后疫情时代"，一方面，要持续推进分级诊疗制度的落实，大量患者涌入省市级医院，导致其他急症患者的医疗资源被挤占，通过加大力度推行就诊转诊制度，原则上要求疑似患者在就近地的基层医疗机构接受首诊，轻症患者安排在县级医院治疗，同时借助双向转诊机制和信息交流，及时对不同程度的患者予以转诊，实现疫情期间稀缺医疗资源的合理分配和使用；另一方面，应完善诊疗机制，面对突发疫情需落实分级分区管理，预留可接诊急症患者的医院，满足特殊时期的预期产检、分娩、血液透析等必要需求，确保其生命健康权不受侵犯。

作为一种市场化的风险转移机制、社会互助机制和社会管理机制，社会保险是社会保障体系中最为重要的组成部分。通过关注医疗保险的发展，在基本社会保障的基础上，能有效地提升人们的保障程度和水平，不但可以增强人们的安全感，保证社会和谐，而且可显著改善人们的支出预期，从而把更多的预防性储蓄投入即期消费中，从而扩大内需。

## 三、结语

在应对这场席卷世界各国的新冠肺炎疫情时，中国发挥举国体制优势，全国人民凝心聚力、共克时艰，取得了疫情抗击的战略性成果，但是"后疫情时期"存在疫情反复和反弹的风险，中国的经济发展同时面临着机遇和挑战。笔者认为，从某种角度来看，中国经济目前所面临的一些困境是发展过程中的困难，也可以说是发展过程中本身就存在的问题，只是在疫情这个特定事件中得以充分暴露和凸显。因此，调整公共经济政策、协调各政策之间的关系不仅要从化解"后疫情时代"的疫情影响着手，更要从全局的高度，以发展的眼光长远地进行规划，有效应对今后的突发公共卫生事件。

**参考文献**

[1] 张成福. 公共管理学 [M]. 北京：中国人民大学出版社，

2001：99．

［2］白彦锋，岳童．新冠肺炎疫情对我国经济的影响及财税政策应对［J］．山东财经大学学报，2020，32（6）：14-22．

［3］陈炳才．"后疫情时代"我国经济发展若干政策建议［J］．开放导报，2020（6）：11-20．

［4］刘志彪．新冠肺炎疫情对中国产业的影响：特点、风险及政策建议［J］．东南学术，2020（3）：42-47．

［5］贾康．新冠肺炎疫情对中国经济的影响及对策分析［J］．经济研究参考，2020（6）．

［6］王永贵，高佳．新冠肺炎疫情冲击、经济韧性与中国高质量发展［J］．经济管理，2020，42（5）：7-19．

［7］田素华，李筱妍．新冠肺炎疫情全球扩散对中国开放经济和世界经济的影响［J］．上海经济研究，2020，379（4）：111-119．

［8］John Richard Hicks. The Foundations of Welfare Economics［J］. The Economic Journal, 1939, 49（196）.

# "十四五"时期中国特色医疗保险制度的改革方向

◎雷咸胜[①]

中国人民大学公共管理学院/健康保障研究中心,北京,100872

**摘　要**:中国特色医疗保险制度是中国共产党带领全国各族人民,经过不断探索和改革而创造的一项重大制度。实践证明,中国特色医疗保险制度在减轻人民群众负担、增加人民群众获得感和幸福感等方面发挥着重要作用。中国特色医疗保险制度的显著优势体现在坚持中国共产党的领导,以人民为中心的制度理念和集中力量办大事。"十四五"时期,既要保持医疗保险制度的稳定性和延续性,又要推动医疗保险制度的改革与完善,需要促使医疗保险制度结构体系的科学化,加快医疗保险制度治理体系的现代化,增强医疗保险制度外溢效应的正向化,使中国特色医疗保险制度更好地转化为国家治理效能。

**关键词**:中国特色医疗保险制度　显著优势　"十四五"时期　改革方向

---

[①] 作者简介:雷咸胜,中国人民大学公共管理学院博士研究生,中国人民大学健康保障研究中心研究人员。基金项目:中国人民大学2018年度拔尖创新人才培育资助计划成果;国家社会科学基金青年项目"社会医疗保险'新俾斯麦'改革模式的国际比较研究"(18CSH060)。

截至2020年10月，我国基本医疗保险的参保人数为13.53亿人，其中，职工医保参保人数为3亿多人，居民医保参保人数为10亿多人，我国基本医疗保险已经成为世界上最大的医疗保险体系。中国特色医疗保险制度是中国特色社会主义制度的重要组成部分，是中国共产党带领广大人民群众不断探索而创造的一项伟大民生工程。我国基本医疗保险制度从无到有的发展历程中制度优势不断凸显，为下一阶段医保制度的发展奠定了坚实基础。当前处于"十四五"的开局时期，中国特色医疗保险制度在制度显著优势的基础上，既要保持制度的稳定性和延续性，又要推动医疗保险制度的改革与完善。

## 一、中国特色医疗保险制度的显著优势不断凸显

新中国成立以来的探索和发展铸就了适合中国国情和中国民意的医疗保险制度，尤其是改革开放以来，中国建立了世界上最庞大的医疗保险网。在解决老百姓看病难和看病贵等问题上取得了巨大成效，人民的健康需求不断得以释放，人民的健康水平得以持续提升。之所以取得这样的成就，是因为中国特色医疗保险制度自身所具有的显著优势不断凸显。

（一）中国共产党的集中统一领导

中国共产党的集中统一领导是中国特色医疗保险制度取得快速发展的根本保证。增进人民福祉、促进人的全面发展是中国共产党立党为公、执政为民的本质要求。中国共产党历来高度重视人民健康和医疗卫生事业，社会医疗保险关乎十几亿人民群众的切身利益，解除广大人民群众对疾病的后顾之忧是中国共产党一直不懈努力的方向。1996年12月，中共中央、国务院召开全国卫生工作会议，指出从我国国情出发，对医疗保险制度进行改革和完善。进入21世纪，习近平总书记在2016年全国卫生与健康大会上明确提出"把人民健康放在优先发展战略地位"。中国共产党时刻关注人民群众的健康问题，医疗保险作为提升广大人民群众健康水平的重大制度安排，在中国人口众多、城乡间和区域间经济发展差异较大、医疗服务配置不平衡不充分的背景下，只有坚持中国共产党的集中统一领导才能实现

中国特色医疗保险制度的不断创新和发展。

中国共产党坚持改革创新和与时俱进的精神，结合我国国情不断完善和发展中国特色医疗保险制度。在20世纪90年代初期，党中央和国务院提出社会保障发展的原则是"广覆盖、低水平、多层次"，当时的医疗保险制度仅仅覆盖职工群体，而广大的农村居民和城镇居民却未能享受到医疗保险待遇；到了20世纪90年代末，随着医疗保险参保群体的不断增多和保障水平的不断提升，医疗保险的可持续问题不断凸显，于是党中央和国务院提出"广覆盖、保基本、多层次、可持续"的原则，2002年党的十六大报告明确提出"必须把可持续发展放在十分突出的地位，将建立全面小康社会与建立健全同经济发展水平相适应的社会保障体系联系起来"。进入新时代，随着全民医保制度的实现，为了满足人民对美好生活的向往，医疗保险制度需要走协调高质量的发展道路，党的十九大报告指出"全面建成覆盖全民、城乡统筹、权责清晰、保障适度、可持续的多层次社会保障体系"，"十四五"规划明确提出"健全覆盖全民、统筹城乡、公平统一、可持续的多层次社会保障体系。"中国共产党依据社会经济环境的变化，与时俱进地调整医疗保险制度的基本原则，为中国特色医疗保险制度的发展指明了方向。

（二）以人民为中心的制度理念

中国共产党人的初心和使命是为中国人民谋幸福和为中华民族谋复兴，所以中国特色医疗保险制度的核心理念是以人民为中心。健康保障权是公民的基本人权，也是实现全民医保的逻辑起点。习近平总书记在2015年致北京人权论坛的贺信中鲜明地提到"中国共产党和中国政府始终尊重和保障人权。"[2]中国特色医疗保险制度是提升人民健康水平和增强人民健康信心的一项国家基本制度，作为中国共产党领导下的制度安排紧紧围绕以人民为中心的理念展开。

首先，中国特色医疗保险制度的发展依靠人民。伴随着计划经济向社会主义市场经济转变，适合中国国情的医疗保险制度逐渐走上了现代化的发展道路，依靠人民的一个集中体现是人人有责、人人尽责和人人享有。

我国的医疗保险基金的来源包括参保者个人、企业和政府等主体，每个主体都需要依据自身的能力承担缴费的义务。无论是个体或企业的缴费，还是国家财政的投入，归根结底均来源于广大人民群众辛勤劳动而生产的社会财富。[3]只有社会总体财富的不断增长，才能维系中国特色医疗保险制度的持续健康发展，这恰恰需要人民群众的集体努力和集体智慧。

其次，中国特色医疗保险制度的发展更是为了人民。习近平总书记在十八届三中全会上就明确指出"实现发展成果更多更公平惠及全体人民，解决好人民最关心最直接最现实的利益问题，更好满足人民需求"。[4]疾病风险及带来的损失关乎公民个体的直接利益，因病致贫和因病返贫是影响未来相对贫困问题的重大隐患，未来在建立解决相对贫困的长效机制中医疗保险制度将大有作为。中国特色医疗保险制度可以减轻疾病造成的经济损失，也可以减少因病致贫或因病返贫的群体规模。一方面，中国特色医疗保险制度具有普惠性，参保群体均可以享受应有的医疗保险待遇；另一方面，中国特色医疗保险制度更加关注弱势群体的利益，例如资助弱势群体参加基本医疗保险，让弱势群体更多地享受医疗保险待遇；基本医疗保险中的大病保险和重特大疾病保障制度可以减轻灾难性家庭医疗支出的压力。

### （三）集中力量办大事

2016年11月，国际社会保障协会授予中国政府"社会保障杰出成就奖"，表彰中国建立了世界上最大的社会保障体系。中国之所以能在短时间内建立让世人为之震惊的社会保障网络，其中一个重要原因是集中力量办大事。中国共产党带领全国各族人民在革命、建设及改革和发展的各个时期，充分发挥集中力量办大事的优势，实现了中国从站起来、富起来到强起来的飞跃，医疗保险制度实现了从无到有，保障水平也实现了由低到高的发展。中国特色医疗保险制度的形成就是集中力量办大事的典范，基本医疗保险制度从1998年职工医保开始，到2003年的新农合制度，再到2007年的城镇居民医保制度，仅仅9年的时间实现了制度的全覆盖，这是世界上其他任何国家都无法实现的制度奇迹。参保人群从部分群体覆盖，到当前的95%以上的参保率；国家财政对居民参保的补贴从2007年的40元到2019年的520元。中国特色医疗保险制度飞速发展的背后是集中力量办大事的运转逻辑，在中国共产党的领导下，全国人民团结一致，统筹协调，形成合力解决重大问题。

进入新时代，中国特色医疗保险制度获得进一步发展，在中国共产党的领导下，2018年国家进行了机构改革，组建了国家医疗保障局。以往分散化的医疗保险制度分属不同的管理部门，职工医保和城市居民医保的主管部门是人力资源和社会保障部，而新农合的主管部门是前国家卫计委，由于部门的分割阻碍了全民医保体系的一体化建设，例如重复的系统建设、重复的人员配置以及重复的参保行为等。党中央和国务院在新的形势下，推进了大刀阔斧的改革，把人社部、国家卫计委、国家发展改革委和民政部等涉及的医疗保险、药品和医疗服务及医疗救助等职能统一归并到国家医疗保障局职能范围内，这就为中国特色医疗保险制度的发展提供了体制保障，以往国家行政机构存在的职能配置不完善等情况得到历史性的改变。国家医疗保障局的成立就是中国共产党领导人民群体集中力量办大事的结果，扫除了行政机构层面的阻碍因素，加速了中国特色医疗保险制度的成熟和定型。

## 二、中国特色医疗保险制度的稳定性与延续性

新中国成立70多年以来，我国医疗保险制度的产生、转型、改革和发展内嵌于国家经济体制的改革中。中国的医疗保险制度经历了计划经济时期的劳保医疗与公费医疗，到社会主义市场经济时期不断探索和完善现代化的医疗保险制度，当前中国特色的医疗保险制度已经具有一定的稳定性和延续性。

（一）全民参与的基本格局已经形成

全民参与主要分为制度覆盖和人群覆盖。我国的医保制度从覆盖部分群体到覆盖全体城乡居民，1998年，国务院出台的《关于建立城镇职工基本医疗保险制度的决定》基本确定医疗保险制度的框架，标志着社会化医

疗保险制度的建成。2003年,国家开始提出要开展新型农村合作医疗(以下简称新农合)试点,后在2009年得到全面推广;2007年,城镇居民医疗保障制度建立,以政府补贴为主的城乡居民医疗保险制度得以建立和发展。至此覆盖全民的医疗保险网形成,中国特色医疗保险制度逐步走向成熟定型,当前已经实现了制度的全覆盖。人群的全覆盖也取得了巨大成就,尤其是党的十八大以来,基本医疗保险的参保人数从2012年的53641万人增长到2020年8月底的134929.17万人,近几年参保率一直稳定在95%以上。因此,我国全民参与的基本格局已经形成。

(二)城乡融合的医保方向已经明确

我国的医保制度是依据地域和身份不断建立的,所以形成的是分散化的医保制度。2016年国务院出台了《关于整合城乡居民基本医疗保险制度的意见》,提出统一覆盖范围、统一筹资政策、统一保障待遇、统一医保目录、统一定点管理和统一基金管理的"六统一",首先实现了城乡居民医疗保险制度的统一,这就向我国医保制度的统一迈出了艰难一步。当前,我国医保制度的主体是职工医保与居民医保并存的局面,党的十九大报告指出"全面建成覆盖全民、城乡统筹、权责清晰、保障适度、可持续的多层次社会保障体系",党的十九届四中全会进一步指出"坚持应保尽保原则,健全统筹城乡、可持续的基本医疗保险制度,稳步提高保障水平"。因此,我国医保制度的城乡融合方向已经明确。

(三)医保政策的顶层设计趋于完备

我国医保制度的各地探索为中国特色医保制度的形成提供了有益经验,但是进入新时代,医保制度的改革与完善更需要的是顶层设计。随着医保改革不断深化,制度的顶层设计尤为重要,既可以保障制度的统一与方向一致,也可以保证制度自上而下的实施。从1998年出台的《关于建立城镇职工基本医疗保险制度的决定》,到2020年中共中央和国务院发布的《关于深化医疗保障制度改革的意见》,医保政策的顶层设计不断完善。而且医保相关的配套政策不断调整,例如医保支付政策、医保基金监管政策以及医保目录调整政策等不断出台。因此,我国医保政策的顶层设计逐渐趋于完备。

## 三、"十四五"时期中国特色医疗保险制度的改革方向

中国特色医疗保险制度取得的成效有目共睹，同时，我们也应该看到当前的医保制度距离成熟和定型还有一定的差距，存在一系列需要加速改革的任务。"十四五"时期，需要促使医疗保险制度结构体系的科学化，加快医疗保险制度治理体系的现代化，以及增强医疗保险制度外溢效应的正向化。

### （一）促使医疗保险制度结构体系的科学化

第一，职工医疗保险个人账户需要尽快改革。职工医疗保险个人账户经历了二十多年的发展，弊端不断暴露，例如缺乏互济性、资金闲置、资源错配等问题，于是改革职工医疗保险个人账户在当前已经达成共识，且2019年国务院在《关于印发深化医药卫生体制改革2019年重点工作任务的通知》中明确提出"制定改进职工医保个人账户政策文件"。当前对如何进行个人账户改革存在诸多方案，例如从改进个人账户计入办法、优化基金统账结构、规范个人账户使用范围、增强门诊共济保障功能、健全医疗保险对门诊医疗服务和费用的监管等方面进行改革。[5]同时，也有学者建议从家庭联保的角度来改进个人账户，实现职工家庭联保，进而推进实现城乡一体化的全民健康保险制度。[6]当前部分地区已经采取了个人账户转化为门诊统筹的做法，所以"十四五"时期可以逐渐实现门诊统筹的全覆盖，加速个人账户的改革步伐。

第二，医疗保险筹资与待遇调整机制急需建立。当前我国医疗保险的筹资与待遇上存在偏离公平正义的问题，例如筹资端并未真正实现人人尽责的原则，存在"搭便车"的现象；在待遇端存在严重的不平衡问题和不充分问题。因此，需要对医疗保险筹资与待遇进行合理调整。首先，需要进一步提高医疗保险的统筹层次，当前我国的筹资和待遇差异大与统筹层次有关联，低的统筹层次难以平衡地区间的差异，"十四五"时期可以逐渐走向省级统筹，然后过渡到国家统筹。统筹层次提高可以增强筹资和待遇

改革政策的执行力。其次，在基本医疗保险筹资端，由于参保者个体存在较大的异质性，如果按照统一的标准缴费无法实现缴费的公平，所以要依据参保者的收入状况来确定其缴费义务，包括工资性收入、财产性收入等；同时要尽快明确退休人员缴费，可以通过调整缴费年限设置，[7]逐步实现退休人员缴费。最后，在待遇端上应该坚持平等的原则，因为缴费端的差别原则已经对个体的差异做了平衡，所以个体的医保待遇理应是平等的，在实际中应该是同病种同诊疗方案下的同报销待遇。[8]

第三，医疗保险自身定位需要清晰界定。前期关于基本医疗保险定位存在一定的争议，围绕保基本和适度保障展开了大量的讨论，有的认为是基本医保是保大病，有的认为基本医保是保大额费用，因此"十四五"时期需要进一步清晰界定基本医疗保险的定位。首先，要明确基本医疗保险参保对象的范围，当前我国基本医疗保险应该从法规政策层面明确参保的强制性，将全体居民都纳入基本医疗保险体系内，"十四五"时期需要加快全国医保信息平台建设，借助信息平台把那些未参保的群体纳入医保体系。其次，要明确参保者的权利与义务关系。医疗保险基金来源于各个主体的贡献，医疗保险基金池是参保享受待遇的依据，应该让每个参保者都明白补偿因疾病风险而造成的经济损失的多寡是依据基金池的大小来决定的，当前这个基金池的保障水平是有限的。"十四五"时期要合理引导预期，防止一些所谓的"福利竞赛"，多做些"雪中送炭"的事情。再次，要明确所保障的医疗服务范围，包括药品、器械和诊断行为等；配套相应的待遇清单细则，"十四五"时期可以设计出让广大的参保者能够便利获取待遇清单信息的APP。最后，制定多元化的医疗保险支付标准，采取多种支付方式的组合，在总额预算的前提下，综合人头付费、单元付费、DRGs付费等支付方式；同时待遇清单中应该明确各项医疗服务的收费及报销的比例。"十四五"时期要进一步扩大支付方式改革试点，尽快落实支付方式改革的方案。

第四，医疗保险一体化需要城乡融合推进。随着我国城乡融合发展的整体趋势，基本医疗保险发展需要由城乡整合转向城乡融合，通过城乡医疗保险的融合发展来促进国家整体的城乡融合。在当前职工医保与居民医保并行的背景下,"十四五"时期需要寻求城乡医保融合的新方式。2019年4月,中共中央、国务院出台的《关于建立健全城乡融合发展体制机制和政策体系的意见》中指出"建立健全由政府、企业、个人共同参与的农业转移人口市民化成本分担机制",且"十四五"规划提出"完善财政转移支付与农业转移人口市民化挂钩政策",医疗保险在农业转移人口市民化中可以发挥促进作用,例如地方政府可以建立针对农业转移人口的医疗保险补贴递减机制,尤其在第一个发展阶段时期,财政对农业转移人口可以给予适当的补贴,以助其医保参与,然后在补贴设定的年限内逐年递减,通过补贴医保参与来加速农业转移人口的市民化。[9]

## (二)加快医疗保险制度治理体系的现代化

医疗保险治理体系是医疗保险制度效应得以发挥的有效保障。医疗保险治理体系现代化主要包括医疗保险外部治理和内部治理,以及医疗保险的法制建设。首先,医疗保险的外部治理主要是指医疗保险作为第三方的治理,医疗服务提供方对疾病有着充分的信息掌握,而患者对大部分疾病是不了解的,尤其是对病理的了解知之甚少,于是产生了信息不对称的问题,且医生拥有绝对的主动权。为了更好地维护患者的利益,需要在医疗服务提供方和患者之间寻求一个平衡,就需要建立一个第三方的机制来平衡双方的利益。一方面,这个第三方可以代表患者的利益,实现基于价值的医保战略性购买,减轻患者因疾病引发的经济负担;另一方面,可以与医疗服务提供方协商,确保医疗服务的质量和相应的支付标准。这样不仅有利于解决信息不对称的问题,而且可以通过建立合理的支付方式,规范医疗服务供给,减少浪费。"十四五"时期,可以逐步建立医保部门与参保患者代表和医疗机构代表组成的综合委员会,共同参与制定医疗保险政策。

其次,医疗保险的内部治理主要是医保行政与医保经办的关系。当前我国医疗保险经办机构属于国家医保局下属的事业单位,经办机构人员对医疗保险基金管理及基金的监督缺乏激励,所以要尽快实现医保行政与经办的分离。医保行政负责制定医保政策,而医保经办主要负责具体的参保、基金管理和报销结算。"十四五"时期,医保经办可以探索交由社会组织来承办，参保者可以依据各个经办机构的情况来选择参保机构，形成医保经办机构之间的良性竞争。所有负责承办医保经办的社会组织必须具有一定的资质，通过增强与医疗服务提供方的谈判力和与其他经办机构的竞争力来提升自身的经办能力，吸引更多的参保者。

最后，加快中国特色医疗保险法律体系建立。我国至今缺乏专门的医疗保险法律，于2010年出台的《社会保险法》囿于产生的时代环境，使其中关于医疗保险的条块具有很大的滞后性，即便后期也进行过一些修改，但是仍然存在一些问题，例如其中关于群体分化的医疗保险制度与我国建立全国统筹的一体化医疗保险制度相违背，医疗保险基金使用中的违规违法行为界定不清晰导致医保基金监管的乏力等问题。所以"十四五"时期要对《社会保险法》开展进一步修订或重新对医疗保险进行立法。由于基本医疗保险涉及每个公民的利益，要在遵循基本医疗保险运行规律的基础上，让更多主体参与到法律的制定中来，所以我国基本医疗保险的立法应该坚持民主原则、科学原则和合作原则。在具体操作层面，应该采取自上而下的立法模式，立法体制上应该由全国人大及常委会来制定，立法程序上应该听取多方意见，例如开展立法听证、网络征求意见及专家引导等，以健全完善的中国特色医疗保险法律。

（三）增强医疗保险制度外溢效应的正向化

医疗保险制度作为经济社会制度的重要组成部分，对政治、经济及社会的良性发展可以发挥促进作用，所以需要增强医疗保险制度的外溢效应的正向化。首先，中国特色医疗保险制度能够促进政府机构的良性运转。当前大多研究关注的是机构改革对医疗保险的影响，往往忽视了医疗保险改革的问题对机构改革的影响，二者应该是相辅相成、相互促进的。完善中国特色医疗保险制度，就必须克服不同行政部门间的阻碍因素，一旦行政部门的职能配置阻碍了中国特色医疗保险制度的改革，那么现实的问题就会倒逼政府进行机构改革，在"十三五"时期我国已经完成了机构改革。同时，在政府不同层级机构之间也要协调运作，党的十九届四中全会指出要"健全充分发挥中央和地方两个积极性体制机制"，所以"十四五"时期中国特色医疗保险制度应该朝着促使中央政府与地方政府协调的方向改革，例如中央财政和地方财政对参保居民的补助上需要协调有序，形成中央财政与地方财政合力，促进医保筹资可持续。

其次，强化医疗保险制度对健康中国建设的促进作用。医疗保险除了可以减轻疾病造成的经济损失外，也可以发挥对居民健康的积极保障作用，例如2019年底突如其来的新冠肺炎疫情成为影响居民健康的重要隐患，医保政策及时作出调整以保障参保感染者的利益。据报道，截至2020年3月15日，全国新冠肺炎确诊和疑似患者发生医保结算93238人次（包括门诊患者多次就诊结算），涉及总费用103960万元，医保系统共支付67734万元，医保的支付比例达到60%以上，极大地减轻了感染者的经济负担。医疗保险主要针对的是疾病治疗，而疾病预防可以有效减轻疾病风险带来的压力，所以，"十四五"时期医疗保险可以逐步在居民的疾病预防上有所助力，寻求与疾病预防方面的合作切入点，促进健康中国的进一步推进。

最后，医疗保险的转移接续和异地就医直接结算有利于促进国际市场的有序流动。之前我们讲医保的转移接续与异地就医结算主要聚焦于中国大陆地区，当前关注医疗保险的国家间合作较为缺乏。因此，"十四五"时期，在促进国际市场的流动上，要开展与更多国家在医疗保险上的合作，例如不同国家之间医疗保险待遇的转化与互认等，可以保障国际市场劳动力流动的合理有序。[10]

## 四、小结

中国特色医疗保险制度是中国共产党带领全国各族人民，经过不断探索和改革而创造的一项重大制度。实践证明，中国特色医疗保险制度在减轻人民群众的负担、增加人民群众获得感和幸福感等方面发挥着重要的作用。中国特色医疗保险制度在坚持中国共产党的集体统一领导，以人民为中心的制度理念和集中力量办大事等方面的制度优势不断凸显，以前不敢去看病的现在敢去看了，以前疾病负担较重的现在逐渐减轻了，以前健康意识淡薄的现在健康意识增强了。进入"十四五"时期，既要保持医疗保险制度的稳定性和延续性，又要推动医疗保险制度的改革与完善，促使医疗保险结构体系的科学化，加快医疗保险治理体系的现代化，增强医疗保险制度外溢效应的正向化。

党的十九届四中全会提出未来三十年我国发展"三步走"的总目标，中国特色的医疗保险制度必须遵循我国社会主义发展道路前进的方向。①在建党一百周年时，使中国特色医疗保险制度在成熟和定型上取得明显成效，具体体现在制度结构统一、筹资和待遇完善、一体化的医疗保险制度着手推进等方面。②到2035年，中国特色的医疗保险制度更加完善，全民统一的健康保险制度已经成熟，医疗保险治理能力基本实现现代化。③到新中国成立一百年时，中国特色医疗（健康）保险制度更加巩固，医疗保险制度的优越性充分展现。中国特色医疗保险制度向宏伟的目标迈进，积极建构中国特色健康保险共同体，就是要在中国共产党的领导下，各方主体积极参与，坚持人人有责、人人尽责和人人享有，增强医疗保险对各方的回应性，进而激发健康保险的活力，促使中国特色健康保险制度在增进人民福祉上不断作出贡献。

## 参考文献

[1] 中共中央关于坚持和完善中国特色社会主义制度 推进国家治理体系和治理能力现代化若干重大问题的决定［N］.人民日报，2019－11－06（001）.

[2] 习近平.习近平致"2015·北京人权论坛"的贺信［N］.人民日报，2015－09－17（001）.

[3] 雷咸胜.经济发展、主体责任与社会福利——来自艾哈德社会福利思想的启示［J］.社会福利（理论版），2019（7）：24－27，36.

[4] 党的十八届三中全会在京举行［N］.人民日报，2013－11－13（001）.

[5] 国家医疗保障局关于政协十三届全国委员会第二次会议第4094号（社会管理类314号）提案答复的函［DB/OL］.http：//www.nhsa.gov.cn/

art/2019/10/21/art_26_1870.html.

[6] 李珍,黄万丁. 全民基本医保一体化的实现路径分析——基于筹资水平的视角 [J]. 经济社会体制比较, 2017(6): 138-148.

[7] 袁涛. 职工医保缴费年限科学设置理论与方法 [J]. 贵州社会科学, 2019(9): 162-168.

[8] 雷咸胜. 全民医保的实现路径反思——基于70年医保发展历程的视角 [J]. 兰州学刊, 2019(9): 126-135.

[9] 王超群,李珍. 中国医疗保险个人账户的制度性缺陷与改革路径 [J]. 华中农业大学学报(社会科学版), 2019(2): 27-37, 164.

[10] 谢勇才. 论社会保障国际合作的实现条件及其重要意义 [J]. 东岳论丛, 2018, 39(2): 58-66.

# 长三角门诊费用跨省直接结算政策推行现状及效果分析

◎ 尹 婷[①]

上海交通大学国际与公共事务学院，上海，200030

**摘 要**：为解决居民异地就医带来的"跑腿、垫资、报销周期长"等问题，2018年9月苏浙皖沪三省一市在全国率先启动门诊费用跨省直接结算的区域试点，迄今已两年多。在探索全国统一的门诊费用跨省直接结算制度体系的背景下，对长三角门诊费用跨省直接结算试点政策推行现状及政策效果进行分析刻不容缓。本文通过对相关政府部门及就医民众进行调研发现，长三角门诊费用跨省直接结算政策推行后，方便了参保人就医、减少了参保人垫付压力，取得了良好的社会效应，但仍需进一步推进跨省直接结算政策协调统一，加强对于直接结算系统的维护与建设。

**关键词**：门诊费用跨省直接结算　政策推行现状　政策效果

---

① 作者简介：尹婷（1998—），女，湖南长沙人，上海交通大学国际与公共事务学院公共管理专业，主要从事医疗政策研究。

## 一、问题的提出

### (一) 人口流动常态化

长江三角洲地区（以下简称长三角）是中国经济最具活力、开放程度最高、创新能力最强的区域之一，是"一带一路"和长江经济带的重要交汇点。苏浙皖沪三省一市的地域面积为35.9万平方公里、常住人口2.2亿人，分别占全国的1/26和1/6，经济总量达19.5万亿元，占全国的近1/4。一般而言，区域的发展通常伴随着规模庞大的人口流动，流动越频繁的地区，经济也越有活力。作为中国经济发展最活跃的区域之一，长三角人口流动的规模常年居全国前列，在2019年全国各大城市流动人口数量排名中，上海（第1位）、苏州（第5位）、杭州（第7位）、宁波（第9位）位列我国人口流入十大城市。

这样的人口流动特征，意味着更为庞大的异地就医需求的产生。国家医疗保障局异地就医备案的数据显示，作为就医地，备案人次最多的省市是北京、上海和广州，其中备案到上海的有78万人次，数量位居全国第一，备案到上海人次最多的省市前五位中，安徽、浙江占了其中两位。这样庞大的异地就医需求，对长三角地区医疗保障体系的互通、互认、互动提出了更高要求。推进异地门诊便利结算，使居民享有更公平、更便捷的医疗保障服务，已成为长三角各级政府必须要面对和解决的问题。

### (二) 异地就医跑腿、垫资、报销周期长

近年来，随着人口流动常态化，其与医疗保险碎片化之间的矛盾使异地就医问题进一步加剧，给医保经办机构带来了大量的工作量。长三角地区异地就医门诊直接结算未开通之前，在异地医院看病医保报销比较麻烦，如图1所示，民众不仅要先垫资，还要带着病历卡、医保卡、发票和费用明细，回到参保所在地办理。一系列的手续办下来，大概要12个工作日才能彻底办结。长三角地区人口流动性强，参保地与居住地、就业地分离现象非常普遍，面临异地医保报销难题的群众不在少数，例如，在南京梅山有2万左右的上海参保人，就医一直是采用"先垫付后报销"的方式，即使上

海医保经办部门采用了各种便民方法，比如在梅山设立医保服务点就近报销，但是，老百姓看病仍需要现金垫付，报销需要排队，报销后等待审核等各类步骤，仍然很不方便。这些问题无疑给异地就医的参保人带来了额外的负担，同时也给全社会造成了公平与效率层面的双重损失。

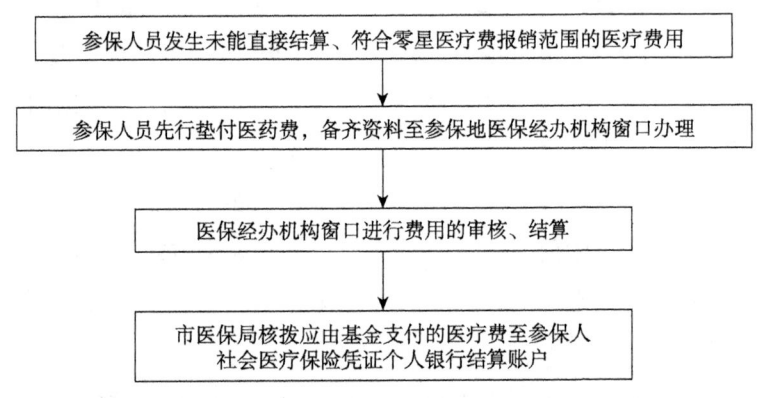

图1　医保费用零星报销流程

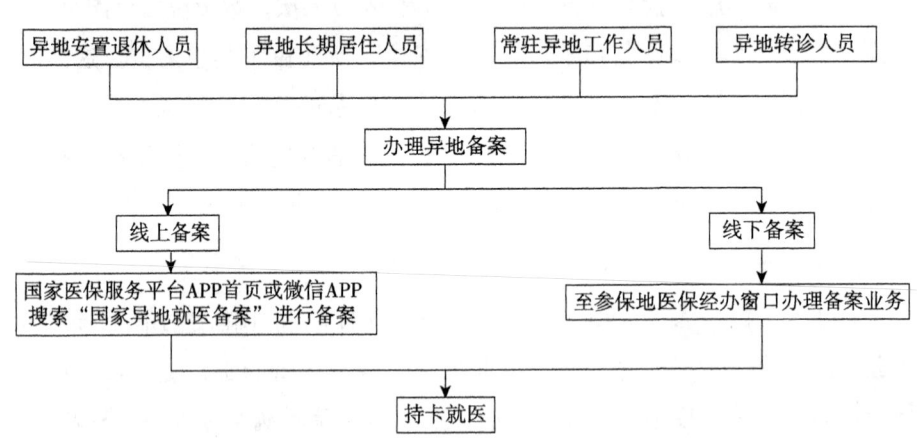

图2　长三角异地门诊直接结算流程

异地就医直接结算政策的推出正是为了回应上述问题。2016年底人社部等三部委联合出台《关于做好基本医疗保险跨省异地就医住院医疗费用直接结算工作的通知》，以异地长期居住老年人和转诊转院患者住院费用为重点,建成了国家异地就医结算系统,基本实现全国联网。2018年以来,国家医保局在全面实现跨省住院费用直接结算的基础上,指导和支持京津冀、长三角和西南五省区三个地区试点门诊费用直接结算。2018年9月,长三角开启了门诊费用跨省直接结算,如图2所示,异地安置退休人员、异地长期居住人员、常驻异地工作人员及异地转诊人员在备案后即可直接在医疗机构刷卡结算。截至2020年5月底,累计结算114.7万人次,涉及医疗费用2.7亿元,截至2020年10月,长三角地区门诊费用跨省直接结算累计人次、医疗总费用、医保基金支付占三个试点地区的98%。2020年9月,国家医疗保障局、财政部发布《关于推进门诊费用跨省直接结算试点工作的通知》,要求总结长三角等先行试点地区可复制、可推广的试点经验,探索全国统一的门诊费用跨省直接结算制度体系、运行机制和实现路径。这意味着跨省异地就医工作得到了党和国家的高度重视,对试点地区的跨省异地直接结算工作效果进行评估刻不容缓。

## 二、文献回顾

通过以"异地就医结算"为主题进行搜索发现,国内学术界对异地就医结算问题的研究起步相对较晚。2007年之前,文献数量极少且专业性不强。随着城市化进度加快,人口流动频繁,异地就医需求强烈且问题突出,学术界才真正开始关注异地就医问题,2010年出现了异地就医结算问题研究的第一次高峰。2014年国务院全面推行省内异地就医即时报销,异地就医关注度迅速上升,出现异地就医结算问题研究的第二次高峰。2016年末《关于做好基本医疗保险跨省异地就医住院医疗费用直接结算工作的通知》发布,国家异地就医结算系统上线。2017年《关于规范跨省异地就医住院费用直接结算有关事项的通知》发布,实现所有省级异地就医结算系统与国家异地就医结算系统对接,出现异地就医结算问题研究的第三次高峰。但2017年后相关文献数量大幅减少,导致异地就医结算政策实施效果分析的研究成果十分缺乏,尤其是缺乏针对试点地区政策实施效果分析的研究成果,以及相对住院费用来说,缺乏对于异地就医门诊费用直接结算的关注度。

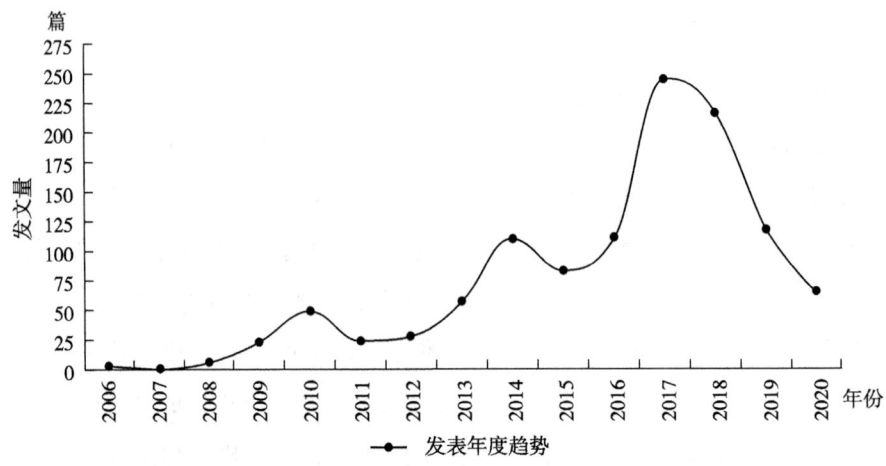

**图 3 关于"异地就医结算"中国知网发文量年度趋势**

跨省异地就医直接结算是我国的本土政策议题，可供参考的外文文献比较少。国内的研究主要以 2016 年为分水岭，2016 年之前，国内专家学者的研究重点在于异地就医形成的原因和异地就医报销面临的困难及相应的建议等。一般认为，异地就医指参保人员在其参保统筹地区以外发生的就医行为，大部分是自统筹区到大城市就医（褚福灵，2010）。异地就医形成的原因主要有人口流动频繁与人口老龄化、医疗服务资源配置不平衡以及人们对健康的重视程度增加等。随着城市化的快速推进，城市化带来的人口流动是异地就医形成的主要原因（孙经纬，2015）。学者们归纳的异地就医结算存在的问题主要集中在以下四方面：第一，统筹层次低，缺乏行业标准。各统筹地区医保政策和管理等方面有着较大差异，缺乏对行业标准和规范的制定（王同海、张德利，2008）。第二，道德风险高，执行监管困难。国家层面尚缺乏跨部门协调机构，导致缺乏医保机构和医疗机构通行互认的各项标准，在监督方面缺乏协查机制，在医保基金方面缺乏费用调剂和平衡机制（王虎峰，2008）。医疗机构往往诱导患者过度消费医疗服务，致使异地就医支付率颇高（李芬、陈燕妮，2015）。第三，信息技术滞后，数据系统分割。国家层面缺乏对于医保信息系统的顶层设计，没有建立统一的医保异地就医信息技术规范，造成各地区之间网络信息不连通，无法实现信息数据的实时交流与核对，从而制约了异地就医结算的发展（张燕，2014）。各地的信息技术水平参差不齐，各地自行开发的信息系统之间难以衔接，导致工作效率低下，降低了医疗机构的服务质量（郭琳、王禅，2015）。第四，垫付资金高，费用报销难。以上海某三甲医院为例，其住院人群中来自长三角地区的比例达到69.29%，这部分人群认为不能联网结算及个人负担重是影响就医满意度的主要因素（程沛然，2014）。在异地就医人员中，尤其是退休人员，收入相对低下，且异地就医人员多为重病，较高的医疗费用垫付将加大其个人负担。回参保地报销时，仍会遇到因参保地和就医地医保制度不统一，导致部分医疗费用超出参保地医疗报销范围的问题，进一步加剧了经济负担（周云飞等，2008）。

2016年之后，随着省内异地就医结算实现，跨省异地就医费用直接结算逐步开展，专家学者多是以单个医院为案例研究异地就医直接结算的效果，已有研究通常选定北京、上海等医疗资源丰富的大城市的某家三甲医院的异地就医数据进行描述性统计。主要聚焦于直接结算政策推进时遇到的一些困难与问题。例如，基于上海某三甲医院数据，发现各参保地起付标准参差不齐，个别省份起付标准过高，湖南省超过上海市城镇职工医保住院费用1500元的起付标准（姜立文等，2019）。以广东医科大学附属医院为研究对象，发现南宁铁路职工医保及海南职工医保参保群体由于单位的福利高，享受的医保报销比例高，自付费用少；而省内异地医保参保群体只能满足基本医疗报销，自付比例高，在50%左右（梁力中、陈铭扬，2017）。异地结算平台有时候会出现社保卡信息无法读取或者读卡错误的情况（郭娜、焦卫平，2019）。由于患者就医时选择手工报销，在医院的支付方式为自费，之后再回参保地进行报销，因此，患者费用支付方式在医院信息系统中只能被区分为直接结算与自费，专家学者无法在医院信息系统中获取手工报销相关数据，相关研究多以本地就医患者和外地就医患者构建对照组与处理组。例如，对北京市外来就医与外来购药情况进行分析，发现异地就医人员产生的医疗费与医药费高于本地居民（张倩，2013）。推测可能是由于异地就医患者病情较重、住院周期较长导致更高的费用，目前，异地持卡结算未纳入医保总额预付范围可能会给异地就医的费用控制带来隐患（杨茜等，2019）。

除了对异地就医的描述性统计研究外，部分学者通过定性方法研究异地直接结算政策对分级诊疗的影响。通过对异地就医联网结算带来的影响和效应分析，表明联网结算的便利性会加强患者对优质医疗资源和医疗机构技术性的寻利倾向，从而导致参保人群越发集中到高级别医疗机构，不利于就医分流和分级诊疗体系的形成（赵斌，2016；方鹏骞、陈婷，2017）。但这些关于异地直接结算对分级诊疗的定性分析缺少基于医疗行为客观数据的量化验证，或准实验法的评估，解释力度有限。我国目前有关异地就医联网结算对分级诊疗影响的实证研究总体较少。有的学者采用医院就医数据进行简单描述统计与相关性分析，研究发现异地直接结算的便利化使得去大城市、大医院就医的人数增多（谢岱仪、王前，2017；文光慧、李诚，2018）。有的学者基于地方或全国统计数据，分析认为报销便利程度影响患者对不同级别医疗机构的选择，例如周钦和刘国恩（2015）利用 2011 年 CHARLS 数据也发现直接结算相较于垫付报销促进了参保者对医疗服务的利用。何运臻和侯志远（2016）的研究尝试运用 CHARLS 数据研究医保异地就医直接结算政策对卫生服务利用的影响，比较了保险办理地点对卫生服务利用的影响在政策实施前后的差异，发现在政策实施之前，异地参保抑制了卫生服务的利用，而在政策实施之后负面作用消失，由此认为异地就医直接结算的政策促进了医疗服务的利用。但这一研究对于直接结算政策的处理比较粗糙，且从其研究时点来看，只关注到了省内异地就医直接结算的政策效应。

从上述文献回顾可以看出，当前对于异地就医的研究往往没有涉及对直接结算政策效应的考察，而对直接结算的研究要么没有将其放置在异地就医的背景下，要么只是以省内异地就医作为背景，与跨省异地就医直接结算直接相关的研究并不多见。由于门诊费用跨省直接结算于 2018 年 9 月才开始在长三角试点实施,因此以上研究均以异地住院费用直接结算政策为研究对象,目前对于门诊费用跨省直接结算政策效应的评估尚且一片空白,本文希望能够在上述研究的基础上,丰富门诊费用跨省直接结算政策效果的依据。

## 三、长三角门诊费用跨省直接结算政策推行现状

面对居民日益增长的异地就医需求,长三角各地医保部门已在异地就医便利结算方面做了多年探索。早在2008年,上海与杭州建立了异地就医的协作机制,通过双边委托报销结算模式,实现了医保的联网。一年后长三角的16个城市启动了医保异地结算工作。2016年,江苏省就实现了省内异地就医门诊、住院费用的直接结算。到2017年,上海、江苏已实现了全国所有跨省异地就医住院费用直接结算。以上海为中心的长三角地区已在医保异地结算方面积累了多年经验,为后续长三角异地门诊费用直接结算试点的开展奠定了坚实的基础。

表1　　　　　　　长三角地区异地就医结算工作的历史沿革

| 年份 | 长三角异地就医直接结算进度 |
| --- | --- |
| 2008 | 上海首先与杭州建立异地就医协作机制,采取双边委托联网报销结算模式,实现医保联网 |
| 2009 | 上海市及江苏部分市和浙江部分市以联网实时结算或委托代理结算方式启动异地结算工作 |
| 2010 | 江苏省发行《长三角地区医疗保险异地就医结算合作专题》,实现了异地就医费用互相代为报销的协作 |
| 2011 | "医保互通"登陆沪杭两地,有力地推动了长三角地区的医疗保险异地结算工作 |
| 2012 | 上海与江苏省部分城市实现了异地就医费用互相代为报销 |
| 2013 | 海宁市医保与上海长海医院实现了医保联网结算,盐城与上海三所三甲医院实现异地就医"一卡通" |
| 2015 | 上海与江苏南通实现了医疗保险异地报销 |

续表

| 年份 | 长三角异地就医直接结算进度 |
|---|---|
| 2016 | 江苏实现了省内异地就医门诊、住院费用直接结算 |
| 2017 | 江苏实现包括上海、安徽、浙江在内的所有跨省异地就医住院费用直接结算 |
| 2018 | 上海市医保部门会同苏、浙、皖三省医保部门,在全国率先启动异地就医门诊费用直接结算试点工作 |

2018年9月28日,上海市医保部门在国家医疗保障局和国家人力资源社会保障部的支持认可下,会同苏、浙、皖三省医保部门,在全国率先启动异地就医门诊费用直接结算试点工作。宁波、嘉兴等8个统筹地区和上海市("8+1")成为首批试点,这些地区的异地安置退休人员、异地长期居住人员、常驻异地工作人员及南通等异地转诊人员4类参保人员,办理相关证明并向本地(参保地)医保经办部门备案后,在试点医院门诊就医时,即可享受到跨省就医门诊费用直接结算的便利。各个试点地区针对性地选择了一批具有代表性的试点医疗机构,例如,上海市按照"少量起步、逐步扩大"和分级诊疗原则,于2018年9月采用"15+2"模式确定试点医院范围,即15家三级医院和金山区、松江区两区的社区卫生服务中心。江苏省则选择综合实力最强、异地就医最多的公立医院——江苏省人民医院作为长三角异地就医门诊直接结算的试点医院,并设立了异地医保专窗。

为打通数据环节,上海市牵头开发和搭建了长三角异地门诊直接结算的信息平台,借鉴国家异地就医住院费用直接结算相关标准,对数据接口予以规范。各试点地区按照工作实际,在初期"点对点"联网的基础上,优化本地异地就医结算信息系统软件、硬件改造工作,实现更多统筹地区接入省级平台。同时,基于长三角地区门诊结算交互专项平台,苏浙皖三省着力搭建各自信息网络,通过省级平台等可行方式与上海实现双向对接,实现互联互通。例如,徐州市通过系统改造与流程优化,不断化解异地就医直接结算"堵点",顺利打通了该市医保业务系统、各定点医疗机构与异地门诊直接结算信息平台之间的互联共享通道。此外,为了确保异地结算系统稳定顺畅,苏、浙、皖三省均建立了省内信息沟通机制,搭建省、市、县和医院的四级应急响应联动机制，例如，浙江省专门成立长三角运维小组，配备专门的信息技术人员和工程师，实时监测长三角异地就医运维情况。医疗机构、参保人、经办机构可通过电话、省平台集中系统、钉钉、微信、QQ等多种方式，将问题提交反映至省医保中心，由运维小组人员第一时间对反映人及反映的问题进行沟通、反馈和处理。2019年9月25日，长三角地区异地就医门诊费用直接结算工作阶段总结会宣告，长三角异地就医门诊费用直接结算系统全面联通，这标志着长三角地区居民将享受到更加便捷的就医流程和服务。

同时，长三角充分运用互联网、大数据、云计算等信息技术，推进"备案手段便利化"。一是利用互联网支持医保免备案异地结算。2019年5月22日，包括"异地就医备案"在内的两项医保服务事项被纳入长三角政务服务"一网通办"首批开通事项，长三角居民办理异地就医登记备案只需提交网上申请，医保经办系统自动校验，无须提交纸质材料，不用来回奔波，符合条件的即可即时办理完成。例如，浙江省开辟了群众办理长三角异地门诊直接结算备案便捷通道，即参保地办理备案，参保人可以在当地经办机构现场办理或通过浙江政务服务网、"浙里办"APP网上办理（异地转诊人员可在三级医疗机构直接办理），选择要去就医的城市。成功备案后，带上统一标准的社会保障卡在长三角地区的异地就医门诊定点机构就医，即可进行门诊费用直接结算。江苏省各区市全面推广微信微业务、政府网站、手机APP或基层平台自助一体机等备案渠道，所有统筹区都至少开通一种线上快速办理途径。安徽省16个市全面实行长三角异地就医备案政务服务"一网通办"，实现群众办事"不见面办""网上办"。二是通过医保一体化示范区建设实现免备案。长三角充分利用长三角生态绿色一体化发展示范区"先行先试"的优势，进行门诊费用跨省直接结算的深化改革试点。示范区内上海青浦、江苏吴江、浙江嘉善三地医保部门，在现行长三角异地门诊结算成熟经验与丰硕成果的基础上，开展了更进一步的试点工作，全力推动示范区医保实现"五件事"，具体包括：区域就医免备案、经办服务"一站式"、慢病特病结算通、网上医保在线付和异地审核协同化。医保一卡通2.0版在示范区率先开通，三地率先实现异地门诊就医免备案直接刷卡结算，参保人在长三角生态绿色一体化发展示范区内异地就诊时，医保待遇与参保地保持一致。三地已有85家医保定点医疗机构接入门急诊联网结算系统，覆盖参保人230.93万人。

经过"1+8""1+17"与长三角41个市级统筹区的三阶段范围拓展，目前长三角异地门诊费用直接结算工作已实现市级统筹区与医疗机构两个层面的"全覆盖"。截至2020年5月，异地门诊直接结算已覆盖三省一市全部41个市级统筹区和5600余家医疗机构，三省一市居民在41个城市的主要医疗机构门诊或住院均可持卡就医、实时结算。试点工作实施以来，长三角享受到异地门诊直接结算的人数不断增加。如图4数据显示，自2018年9月至2020年9月，从总量上看，苏浙皖民众至上海门诊直接结算人数达44万人，人次达147.5万，结算费用达3.1亿元。从月度数据来看，苏浙皖民众至上海门诊直接结算人数、人次与费用呈现稳定上升的趋势，长三角异地门诊直接结算试点的第一年（2018年9月至2019年9月）苏浙皖民众至上海门诊直接结算人数为6.5万人，第二年（2019年10月至2020年9月）达到37.5万人，翻了5.8倍，平均每季度增长87.2%。上海民众至苏浙皖门诊直接结算人数同样呈现迅猛增长趋势，2018年第四季度仅158人，至2020年第三季度已上升至39977人（见图5）。

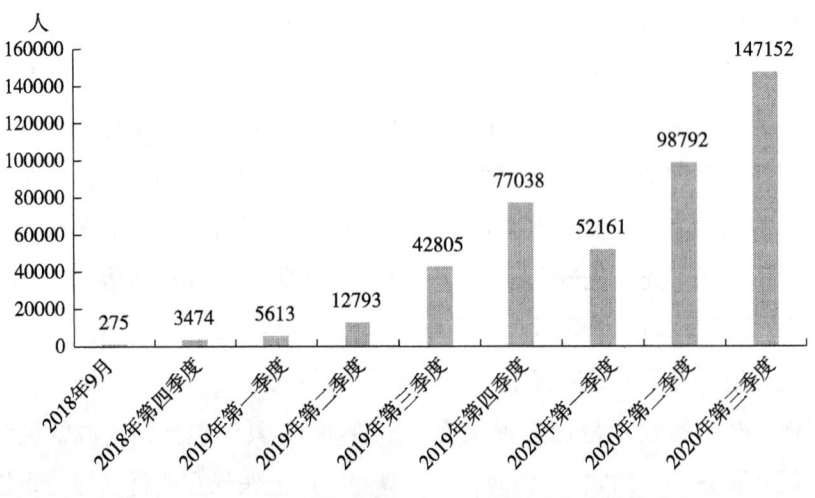

图4 2018—2020年苏浙皖患者至上海门诊直接结算人数

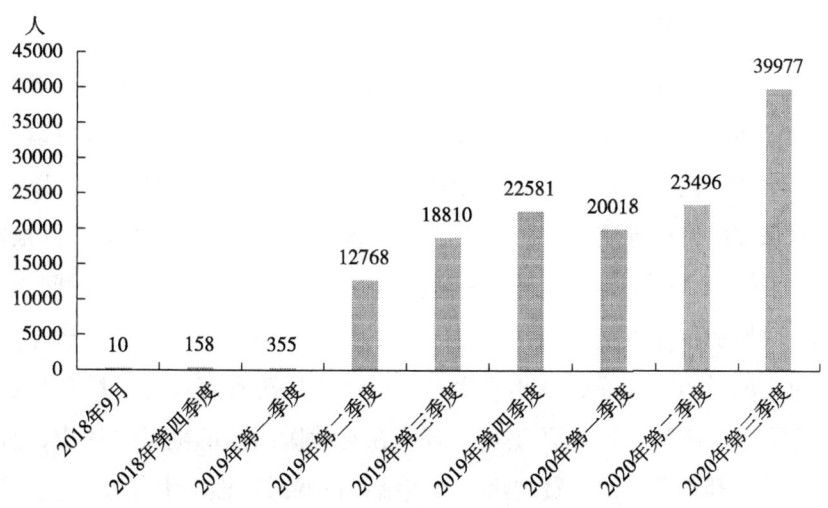

**图5　2018—2020年上海患者至苏浙皖门诊直接结算人数**

## 四、长三角门诊费用跨省直接结算政策目标及实现情况

长三角门诊费用跨省直接结算政策的开展主要是基于以下文件的颁发：《关于基本医疗保险异地就医结算服务工作的意见》《关于进一步做好基本医疗保险异地就医医疗费用结算工作的指导意见》《关于做好基本医疗保险跨省异地就医住院医疗费用直接结算工作的通知》《关于推进门诊费用跨省直接结算试点工作的通知》等。通过对以上文件的梳理，可以了解到，门诊费用跨省直接结算政策的开展主要是方便异地就医人员的费用报销，减少个人垫付医疗费用，方便异地就医管理。对长三角异地就医直接结算工作相关部门工作人员的访谈也验证了上述文件精神。工作人员认为，长三角门诊费用跨省直接结算的目的主要在于改善民生，通过改变以往的医疗费用报销模式，减少参保人费用垫付，减轻参保人的异地就医压力，同时方便参保人报销，免除往返参保地和就医地报销带来的负担。综上所述，本文认为长三角门诊费用跨省直接结算政策目标可以归结为三个：第一，为了方便参保人就医；第二，为了减少参保人垫付压力；第三，为了方便医疗保险经办机构实施管理。

(一）方便参保人就医

在长三角门诊费用跨省直接结算政策实施之前，在上海医院门诊就医配药后需要进行零星报销，即患者到参保所在医疗保险经办机构申请报销已个人垫付的医疗费用。零星报销需要历经收集、准备报销资料，以及参保地医保部门审核等流程，如果报销资料缺少或不齐备，则不能进行报销，参保人员需要往返于参保地与就医地两地之间，花费大量金钱与时间成本，这无疑会增加参保人员的经济负担，对需要定期门诊配药的慢性病患者来说，付出的时间和金钱成本相对更高。门诊费用跨省直接刷卡结算能够免去参保人来回跑腿报销以及垫资之苦。在对就医民众的随机访谈中，参保人无一例外都表示，门诊费用跨省直接结算在就医过程中十分方便。"只需要在浙江当地办好异地就医相关手续登记备案，就可以拿着浙江的医保卡在上海的医疗机构直接刷卡结算，这样我就不用老是为了几百块钱的医疗费报销两个地方来回跑"（董阿姨，浙江退休公务员，现居住于上海，患慢性病需定期服药）。2019 年 8 月 20 日 18 时，青浦、嘉善两地的门急诊免备案就医结算系统正式上线。上海青浦、浙江嘉善、江苏苏州吴江参保人在门（急）诊看病时，不再需要先回参保地的医保部门办理就医关系转移，而是可以直接持卡结算。在门（急）诊后需要住院的参保人，可以在医院的指导下完成自主备案。"我有高血压，每个月要跑医院好几趟，以前在青浦看病需要到当地先备案，跑来跑去有些麻烦，现在可以直接刷卡，非常方便"（杨女士，嘉善人，退休后随女儿在青浦生活）。

然而，调研也发现，长三角门诊费用直接结算仍然存在一些问题需进一步优化改进。一是在结算系统对接时出现不一致的情况。"我市自 2020 年 4 月开始启用三代社保卡，而上海部分定点医疗机构仍然使用二代社保读卡器，对其无法识别，参保人员只能返回参保地进行零星报销"（H 市某医疗保险经办机构，工作人员）。二是门诊慢性病（以下简称"门慢"）与门诊特殊病种（以下简称"门特"）尚未实现异地门诊直接结算，各地区门慢、门特在疾病种类、起付线、医保报销比例等多方面均存在差异，且往往具有复杂的报销政策，一直以来仍难以进行异地门诊的直接刷卡结算，这也给参保人带来一定困扰。"根据我市 2018 年、2019 年医保转向上海就医情况统计，从转院治疗疾病来看，主要为重特疾病、高风险类疾病。肿瘤类疾病占多数，而符合办理规定病病种备案的参保人在上海门诊就医无法直接刷卡就诊，因政策原因特殊病种门诊刷卡就诊目前只针对浙江省，特殊病种的跨省门诊刷卡目前未开通，参保人员只能返回参保地进行零星报销"（J 市某医疗保险经办机构，工作人员）。三是医保报销目录尚不统一。长三角跨省异地门诊联网结算规则中的一项就是执行就医地目录，即参保人员可以进行报销的药品目录、诊疗项目和服务设施项目依据的是就医地的规定。但每个统筹地区设定的医保政策不尽相同。"有越来越多的上海民众选择去苏浙皖城市工作、生活和养老，在当地直接结算与回上海零星报销存在待遇差，若就医地基本医疗保险'三个目录'与上海'三个目录'相比范围面窄、数量少，那么直接结算比率就低"（上海某医疗保险经办机构，工作人员）。

因此，可以认为，在长三角地区，异地就医需求的人不在少数，长三角地区异地就医门诊直接结算工作的推进，给长三角民众看病就医带来极大的便利，但是在结算系统一致性、门慢/门特病种覆盖及报销目录统一等方面仍需改进。

（二）减少参保人垫付压力

参保人垫付压力主要是通过对垫付额度的衡量进行比较。异地就医零星报销采用的是参保人先垫付后报销的方式，这种方式给参保人带来了很大的就医负担。在苏浙皖至上海门诊就医的民众中，因嘉兴民众至上海高铁仅需半小时左右，嘉兴民众至上海就医人数相对较高。此处以嘉兴民众至上海门诊就医后回嘉兴零星报销数据为例，2018 年 1 月至 9 月，零星报销人数达 1237 人，人次达 1354 人，就医医疗总费用达 216.2 万元，其中医保费用达 125.9 万元，从该市情况来看，嘉兴民众至上海门诊就医次均垫付医疗费用大约为 929.8 元。该市 2018 年城镇居民人均可支配收入为 57437 元，平均每月可支配收入为 4786.4 元，农村居民人均可支配收入为 34279 元，平均每月可支配收入为 2856.6 元，即至上海门诊就医一次的嘉兴城镇民众需要将每月可支配收入的 20% 用于垫付医疗报销费用，至上海门诊就医一次的嘉兴农村民众需要将每月可支配收入的 33% 用于垫付医疗报销费用。

长三角门诊费用跨省直接结算开通后，参保人在医院结算医保费用时可以直接刷卡，不需要垫付任何费用。自 2018 年 9 月至 2020 年 9 月，苏浙皖民众至上海门诊直接结算人数医保费用达 3.1 亿元，上海民众至苏浙皖门诊直接结算医保费用达 8610 万元。与零星报销方式相比，门诊费用跨省直接结算很大程度上缓解了参保人在就医报销时的经济压力。

（三）方便经办机构管理

经办机构管理主要是指经办机构在异地就医结算工作中的工作量，长三角门诊费用跨省直接结算政策实施前，经办机构结算工作量主要是零星报销带来的，长三角门诊费用跨省直接结算政策实施后，经办机构结算工作量一方面需要衡量零星报销工作量是否减少，另一方面需要衡量直接结算带来的工作量。

在零星报销工作量方面，由于涉及的票据多样且复杂，零星报销对于工作人员来说相对费时费力。"手工审核模式效率比较低，外地的票据千奇百怪，比如小医院乡村卫生院的清单显示不清楚、打印有问题等，每个项目都需要我们审核，费时费力。尤其是电子票据需要单张检验，这样系统里的人次会变多，受理错了的话电子票据也很难修改"（上海某医疗保险经办机构，工作人员）。对嘉兴市零星报销数据进行分析后发现，2018 年嘉兴市民众至上海门诊就医后回嘉兴零星报销人次为 2021 人，2019 年零星报销人次为 2273 人，门诊费用直接结算开通后，零星报销人次尚未呈现明显下降趋势。通过调研，具体分析其原因可以归结为以下三点：一是自全面开通门诊费用跨省直接结算后，选择去长三角医疗资源发达地区的参保人员占比增加，因技术原因或政策原因等导致刷卡失败的比例也进一步增加。二是民众对直接结算步骤知晓率不高，对老年人来说操作难度较高。"部分参保人不熟悉异地备案政策或只了解一部分，没有进行异地备案或没有在浙江省平台开通上海刷卡权限就去上海看病就医，就会导致在上海无法进行直接刷卡结算"（H 市某医疗保险经办机构，工作人员）。三是老年人仍然偏好零星报销。"医保比较特殊，针对的老年人比较多，老年人对网络不放心，所以偏向于现场报销，老年人有时间，而且跟我们工作人员比较熟悉了"（上海某医疗保险经办机构，工作人员）。

在直接结算工作量方面，经办机构工作人员的工作量主要是维护结算系统的稳定。"我们这里有工作群专门处理这些问题，定点的医疗机构都在群里，一般都是发报错截图和社保卡的照片，我们就可以查到相关信息。多数问题我这里都需要异地去解决，有可能异地解决不了，会建议先自费，回参保地当地报销。总体来说，长三角门诊的问题不多，一般遇到问题医院会建议先自费，之后系统稳定，报错少了以后，管理成本也不会增加"（上海某医疗保险经办机构，工作人员）。因此，可以认为直接结算涉及的主要是系统维护成本和医疗机构与患者的沟通成本，在系统顺畅、稳定的条件下，对于经办机构的工作会更加方便。虽然目前零星报销的人次未呈现明显下降趋势，导致经办机构的零星报销工作量尚未明显减少，但随着长三角门诊费用跨省直接结算政策的推进，结算系统实现顺畅、稳定，经办机构的零星报销工作量有望减少，直接结算工作将更加便利。

## 五、政策建议

### （一）总结试点成功经验，进一步促进长三角一体化

"统一"是国家医疗保障制度体系改革的重要方向，长三角尤其是上海在这方面的工作一直走在国家前列，未来还应在已有基础上，继续发挥创新与协同的优势，继续推进医保政策在长三角范围的统一，为全国医保统一事业提供可借鉴的成功经验。长三角医保部门应从各个统筹地区出发，施展异地合作的效用，增进异地门诊报销结算政策标准化工作的协调与互动。一方面，归纳总结长三角三省一市异地门诊直接结算的操作流程和管理方法，形成合适的规章制度与办事流程，将实践所得跨区协同的成功经验固化为长效管理机制；另一方面，继续加强各部门和异地结算相关单位之间的协调，明确各方职责，当管理出现问题时，各部门要承担自己的责

任,避免互相推诿。要对在异地门诊结算过程中可能出现的问题进行预测和分析,找出并制定合适的办法来衔接各个统筹地区不同的政策,尽力把问题消灭在萌芽阶段,做到防患于未然。

(二) 完善医保政策宣传,加强重点人群政策普及

有关部门可以丰富医保政策宣传渠道,让民众能够了解新的要求和政策,掌握充分的相关知识,更好地保护自己的合法权益。一方面,整合现有民政、人社、财政等部门的相关政策,以长三角区域合作办公室为依托,建立统一的异地门诊直接结算政策信息发布平台,及时发布异地门诊结算政策及执行发展态势,为异地就医人群获取准确的政策信息提供保障;另一方面,在运用现有政策宣传渠道的基础上,充分发挥"互联网+政务服务"理念,利用微信、微博和抖音新兴媒体,及时向企业人事部门发布相关政策和政策咨询服务信息,利用社区和街道公共平台及信息公布栏,及时向异地安置人员、长期居住人员发布相关政策信息。力求从多角度出发,生动形象地进行有效宣传,提高异地结算政策宣传的覆盖面和知晓度。考虑到老年人为异地门诊就医的主力军,同时对新政策接受能力弱、理解不全面,因此,应加强老年人的政策宣传,例如深入社区为老年人开展讲座,在老年人经常活动的地区投放便于老年人理解的宣传资料等,同时在门诊、经办等流程上对老年人进行针对性优化。

(三) 做好异地联网工作,确保网络结算平台稳定

异地医保门诊结算系统不稳定是不可避免也不能回避的问题,从线下转到线上,管理成本从原有人力成本转为网络平台运维成本。就目前而言,即使是上海的医疗机构及医保经办单位,也存在着较严重的人才缺口,尤其是在系统运维等方面。一方面,各地医保部门要做好相关平台搭建和完善工作,做好医保大数据联网工作,从而推动相关工作开展更好地进行。要正视医保异地联网结算工作本身的复杂性,以及不同地区不同机构的信息化建设在硬件、软件、人员上的不均衡与不充分。另一方面,在明确责任的基础上,各地各机构应当继续加强信息化投入,可以在财政、人事政策上予以一定的倾斜,优先保证基础设施与运维人员配置到位。

**（四）逐步推广门慢门特结算试点，拓宽定点医疗机构数量**

青嘉吴医保一体化示范区（青浦、嘉善、吴江）针对门慢/门特结算已开展试点，部分慢病、特病已能够直接结算。本着先试点后推广的理念，其他地区在充分评估示范区方案的基础上，总结示范区经验，形成可推广方案，逐步扩大范围。与此同时，增加门慢/门特结算的医疗机构，在综合考虑定点医疗机构异地就医门诊费用直接结算工作的能力的基础上，充分考虑患者需求，逐步增加门慢/门特结算医疗机构的数量，加强医疗机构与政府部门的协作。

## 参考文献

［1］褚福灵．基本医疗保险关系转移接续研究［J］．中国医疗保险，2010（7）：23-24．

［2］孙经纬．我国医疗保险异地就医管理问题分析［J］．中国城乡企业卫生，2015，30（2）：182-184．

［3］王同海，张德利．医疗保险异地就医管理的难点与对策［J］．劳动保障世界，2008（6）：42-43．

［4］王虎峰．全民医保制度下异地就医管理服务研究——欧盟跨国就医管理经验借鉴［J］．中共中央党校学报，2008（6）：77-82．

［5］李芬，陈燕妮．基本医疗保险异地就医结算服务研究——以海南省跨省异地就医结算服务为例［J］．中国卫生事业管理，2015，32（3）：197-200．

［6］张燕．跨省异地就医即时结算现状剖析及模式探索［J］．宁波经济（三江论坛），2014（12）：33-36．

［7］郭琳，王禅．流动劳动力异地就医的实现路径与对策研究［J］．中国农村卫生事业管理，2015，35（3）：277-280．

［8］程沛然．上海市某三甲医院医疗保险异地就医服务管理及医疗费用现状研究［D］．上海：复旦大学，2014．

［9］周云飞，龚忆莼，金辉，孙国桢．参保人员异地就医管理的做法

与探索［A］．湖南省医疗工伤生育保险研究会．医疗保险异地就医服务管理区域协作论坛论文集［C］．湖南省医疗工伤生育保险研究会：湖南省社会科学界联合会学会工作处，2008：9.

［10］姜立文，刘晨红，姜桦，李斌．跨省异地医保直接结算现状分析：基于上海某三甲医院数据［J］．中国初级卫生保健，2019，33（5）：23-25.

［11］梁力中，陈铭扬．某地区医疗保险异地就医即时结算状况分析——以广东医科大学附属医院为例［J］．卫生软科学，2017，31（11）：42-45.

［12］郭娜，焦卫平．北京某医院1251份异地医保就医结算分析［J］．中国病案，2019，20（9）：39-42.

［13］张倩．北京市外来就医与外来购药情况及对卫生总费用的影响［D］．北京：北京中医药大学，2013.

［14］杨茜，韩翠娟，王沽．北京医院实行异地就医结算实践总结及问题分析［J］．中国卫生经济，2019，38（10）：34-35.

［15］赵斌．异地就医及其经办管理问题透析［N］．中国劳动保障报，2016-05-06（004）.

［16］方鹏骞，陈婷．我国异地就医实时结算的问题、实现路径和趋势［J］．中国卫生经济，2017，36（12）：22-24.

［17］谢岱仪，王前．广州市某三甲医院两种医保支付方式住院费用比较与控费探讨［J］．医学与社会，2017，30（10）：41-43，50.

［18］文光慧，李诚．天津市接收异地新型农村合作医疗跨省联网结报住院患者费用分析［J］．中华医院管理杂志，2018，34（3）：243-247.

［19］周钦，刘国恩．"全民医保"与"垫支"负担——医保垫付制度对居民医疗服务利用的影响［J］．保险研究，2015（7）：106-119.

［20］何运臻，侯志远．基本医疗保险异地结算政策对卫生服务利用的影响研究［J］．中国卫生政策研究，2016，9（5）：67-71.

# 突发公共卫生事件中保险业的反思*

◎向运华　金巧森　谭健翔　王冬雨　别少楷

武汉大学社会保障研究中心，湖北武汉，430072

在应对2020年新冠肺炎疫情的过程中，保险业的保险保障功能和经济补偿作用充分凸显，一方面，在面对疫情突发时，保险业积极高效地承担赔付责任，并不断优化赔付结构，进一步提高损失补偿水平，通过弥补企业的直接和间接损失，降低疫情冲击的负面影响，从而起到稳定经济的作用；另一方面，保险业拓展新冠肺炎疫情保险责任，不断加强消费者长期风险保障意识，同时保险公司通过对新冠肺炎疫情的合理思考，有针对性地开发保险新产品，在提高保险保障程度和扩大保险覆盖面，增强人们的心理稳定和预期方面取得了显著成效。同时也要看到，保险业在应对突发疫情中暴露出的一些问题和短板，主要体现在保险的保障功能未能得到有效发挥、应对重大突发灾难时缺乏应急预案、线上运营能力不强、线下业务阻滞等方面。如何补齐保险业发展短板，将临时性应急政策融入保险业发展、拓展保险产品的风险补偿责任、追加开发突发公共卫生事件短期保险产品等，如何将此类保险业应急举措上升为应对突发公共卫生事件的长

---

\* 本文为2020年度湖北省保险学会重点课题成果。

效化和系统化应对机制，需要进行研究。

## 一、疫后保险业发展状况

随着新冠肺炎疫情的防控态势得到缓解，全国经济不断复苏，人民生活步入正轨，保险行业也迎来了新一轮的发展机遇。这主要体现在疫情因素使健康险需求与日俱增，传统保险业务开始依托互联网进行转型的同时保险业生态结构发生变化，多产业融合的局面开始形成。

### （一）互联网技术加快传统保险业转型升级

在互联网时代的浪潮下，电子商务得到了突飞猛进的发展，由此孕育了互联网保险的巨大需求，催生了互联网保险从产生萌芽到逐渐发展成熟。新冠肺炎疫情暴发之后，商业保险作为全国社会保障系统中的重要一环，通过发挥其自身的理赔保障功能为保障人民生命财产、助理企业复工复产作出了贡献，同时通过合理规范的线上服务平台的大面积启用，提高了网络医保平台事务办理的便捷性。疫情结束之后，通过功能不断健全的互联网医疗保障在线服务平台，人们与医疗机构进行信息对接的需要得到满足，保险行业也建立起了相关的风险防控机制。如今各家保险公司都推出了新型的网络线上服务，例如在线投保、在线理赔、在线咨询等线上业务，都极大地满足了客户的多元化服务需要。5G的普及更为保险服务的发展带来了新思路，保险行业已经发展出多领域、多地区线上联动诊断咨询服务。[1]此外，随着大数据应用范围的不断拓展，保险精算的准确性将得到进一步提高，对可保风险的控制能力也进一步增强。在非典时期，我国寿险业务中线下方式占据绝对主导地位，因此，由于非典疫情阻隔了线下营销，也使当时我国寿险新单销售量呈现出较为严重的下降趋势。然而随着近年来互联网技术的发展成熟，线上寿险业务不断增加，绝大多数寿险业务均可以通过互联网渠道实现有序操作，这不但增强了保险业对于突发公共卫生事件的应对能力，而且为传统保险业的发展迎来了更多新的可能。另外，由于保险业务的特殊性使保险公司拥有大量长期现金流的优点，可以进一步推动我国保险行业通过互联网实现业务的转型与升级。

(二) 多产业融合优化保险业生态结构

保险业通过总结抗击新冠肺炎疫情的经验，逐步建立起以客户需求为中心的多领域合作服务生态圈。目前各大保险公司已经将汽车、医疗、医药、养老等相关领域划入自身的发展蓝图，谋求建立多领域、多资源共同发展的保险生态圈。在暴发新冠肺炎疫情之前，大多数人会认为保险业务即为经济层面的理赔服务。但随着疫情的暴发以及全国展开大规模的封锁措施，人们对保险业务的需求已经不仅仅局限于理赔，还向保险行业上游及下游的相关行业进行延伸。面对此种环境的变化，保险行业也加快了打造新型产业链的脚步，以保险业务为核心和桥梁，将各个相关领域联系起来，形成一个大健康的保险生态闭环。例如在相当长的时期内，我国的寿险与财产险结构中车辆险占据绝对主导地位，因此财产险的发展基本上受制于车辆险的运营。而现在各大保险公司已逐渐建立起围绕车主展开的开放式一体化服务网络平台，此类平台以人工智能和大数据技术作为运行基础，打造出包含"保险+生活+服务"的一站式体验，车主不仅可以通过线上平台进行保险的购买、缴费、理赔等业务，还可以享受到如代架、救援、保养、洗车等的增值性服务项目[2]。此外，企业财产险、家庭财产险、农业保险和责任险等均处于不断发展中。多产业融合对保险行业结构的优化发展进一步发挥了保险的损失补偿功能，也增强了其在突发公共卫生事件发生时对人民财产损失的补偿和应对能力。总体来说，我国保险业在应对个人生命和财产两方面的体制机制不断趋于成熟，多产业融合升级促进了疫后保险行业进一步发展。

(三) 健康险供给与需求日益增长

2013—2019年，我国商业健康险的规模从1124亿元上涨至7066亿元，将近翻了六倍。而且除2017年外，其他每年我国的商业健康保险的收入规模均处于高速扩增状态，在2016年时的健康险增长率甚至已经达到67.69%。由于突发公共卫生事件一般都具有较强的传染性，一旦暴发便会对人们的生命健康产生较为严重的威胁。新冠肺炎疫情暴发之后我国居民的健康风险防范意识进一步增强，健康险得到了较快发展，同时，我国政府也不断加大对商业健康保险市场的扶持力度，不断推动将商业健康保险作为多层次医疗保障体系的重要组成部分，这也在很大程度上促进了商业健康保险的发展。在2020年的第一季度，我国原保险的保费规模达到16700亿元人民币，相对上年同期上涨了2.3%。受疫情的影响，在市场中大部分险种产品均处于销售低迷状态之时，健康保险的增长速度惊人，保费收入达到了2700亿元人民币，比上年同期增长了22%[3]。这其中有一个重要细节需要我们注意，就是在我国从事商业健康保险的经营主体占据的市场份额是处于高度集中的。当前，运营的健康保险公司里中资独占的人寿保险公司占据了市场份额的83%，中资独占的财产保险公司占据了市场份额的9%；而外资参股的人寿保险公司仅占市场份额的8%不到，外资的财产保险公司市场份额不到1%。由此可以看出，在中国，商业健康保险的主要业务实体为中资保险公司，几乎控制着中国80%的商业健康保险市场。其中实力最为突出的两家公司为中国平安和中国人寿保险，两家公司共拥有超过30%的商业健康保险市场。而从2018年开始，中国银行业监督管理委员会先后出台了34项促进对外开放的举措，其中包括取消或放宽对外资持股占比的管控，降低外资的准入门槛，并扩大其允许经营的范围[4]。相信监管层面改良针对外资企业方面的监督管理政策，同时将取得行政许可的程序加以精简，开放外资保险公司牌照发放，将进一步促进我国商业健康险的良性竞争及高速发展。

## 二、保险业应对突发公共卫生事件时的作用与问题

新冠肺炎疫情暴发后，在国家相关部门的引导下，我国各个商业保险公司针对疫情采取积极的应对措施，及时开展保险业务，承担起应有的社会责任。围绕疫情态势，银保监会人身险部、财产险部、中介部等部门下发相关文件传达政策，包含积极捐赠物资款项，开辟绿色通道，确保理赔及时到位，拓展责任范围，为疫情提供相关供给，简化和创新理赔流程与方式等。但是在应对突发公共卫生事件时也暴露出了保险业的一些短板与不足。

（一）应对突发公共卫生事件时保险业发挥的作用

1. 积极捐赠物资款项

在疫情暴发、武汉封城后的数日之内，就已有 20 余家保险机构累计捐款捐物超过 2 亿元，以及超过 30 家保险机构为坚守在一线的医务工作者、新闻从业者和志愿者等提供了保险保障，其总额数以万亿元计。中国太平保险为抗击新冠肺炎疫情的当地医护人员以及从外地驰援武汉的医护人员捐赠每人 30 万元的专属保险。中国人寿设立专为医护人员服务的特定保险，保障额度达到 900 亿元，涵盖 18 万从外地驰援抗疫的医务工作者；其旗下的财险公司为驻守武汉的公职人员和公安干警提供保险，若以上人员因疫情感染或其他原因殉职，人寿财险将给予 100 万元偿付[5]。在 2020 年 1 月底，泰康集团通过其溢彩基金会进行保险追加捐赠，覆盖驰援武汉、襄阳等多地的医护人员，主要用于医疗物资配备和医务人员关怀。中邮保险充分发挥保险保障功能，向武汉近 20 万名当地和外地驰援的医护人员、5000 名新闻工作者以及近 4 万名邮政员工提供个人额度为 50 万元的保险保障。所捐赠的保险专门为战斗在一线的抗疫工作者而定制，被保险人享有一年的保障期限，中邮保险将会根据被保险人感染新冠病毒和由此身故或致残提供 10 万元和 50 万元的救助金。

2. 提供优质保险服务

中国保险行业协会根据银保监会关于保险金融行业参与抗疫工作的相关通知精神倡议全体会员单位，充分发挥保险功能，为抗击新冠肺炎疫情贡献力量，充分展现保险行业应有的社会责任感和使命担当。全国各地的保险公司也充分发挥自身优势，为推动抗疫工作顺利进展、助力企业渡过难关提供了帮助。包含 7×24 小时线上服务、专人理赔辅助指导、特案预赔服务等。例如特殊时期，中国平安江苏分公司通过线上收集理赔相关资料，并主动前置调查，指导客户通过应用软件进行理赔申请，在及时对客户进行赔付的同时也豁免了部分保费，提高了疫情防控期间的保险办理效率。中国出口信用保险公司主动加强与各地防疫工作部门和商务部门的接洽工作，向各级政府部门无偿提供世界范围内的医疗用品供应商名录，利用进口预付款保险帮助相关企业采购急需物资,为政府和企业采购防疫物资提供便捷通道。同时60多家人身保险公司将承保责任进行了扩增,在医疗保险、重大疾病保险和事故保险的承保范围内主动加入了新冠肺炎责任,撤销了对于"特殊传染病"免责的规定[6]。另外,还有一些保险公司在疫情防控期间取消了提交纸质资料、限定医疗机构、限制诊疗项目等方面的规定,以便使客户的需求得到最快速度的响应。一些保险公司在财产保险方面,意外伤害保险、旅行取消险等类型的险种也针对疫情暴发的特殊情况进行了充分的分析考虑,扩大了承保范围。例如,为参与医疗责任保险的医务工作者提供额外的保险服务,在原保险基础上免费增加了医务人员法定传染病的承保义务,并且在政府援助责任险内增添了传染病的帮扶义务。

3. 助力企业复工复产

银保监会提出保险业从以下四个方面为企业复工复产提供帮助:一是坚守职责,继续履行保险在突发公共卫生事件期间的服务工作。二是鼓励保险公司针对疫情特点,根据保险原理开发适宜产品,并且鼓励地方政府在有财政支持的条件下为购买此类保险的企业提供补贴和帮助。三是运用互联网、大数据、人工智能等提供保险服务,创新服务方式。四是缩减保险办理在特殊时期的办事程序,特事特办,提升服务效率。督促保险公司开设理赔绿色通道,进一步简化承保理赔手续和材料要求,放宽承保理赔时限,高效满足复工复产企业的保险需求。例如,中国太保寿险设立了微信和应用软件等渠道帮助客户快速办理信贷业务,客户可以自助获取保单质押贷款,在必要时期内实现较为充足的融资,从而快速实现复工复产。针对一些疫情形势仍然不容乐观的地区,中国太保寿险对这些地区的客户在诸多业务尤其是贷款业务上给予了许多费用上的减免和优惠,如推迟贷款保单的还款期限、逾期利息的免除等,从而降低中小微企业融资成本,减轻企业在特殊时期生产经营上的负担。

(二)应对突发公共卫生事件保险业出现的问题

1. 社会风险管理职责缺位

从全体投保人的视角来看,风险损失的发生在时间上和空间上要有分散性，保险对象中的大多数不能同时遭受损失，如果风险事故引起的经济损失影响面大，损失严重，多数单位和个人之间就不能在经济上形成互助，保险也难以成立。而疫情的一大特点就是传播速度快、覆盖范围广、影响人群大，这不符合可保风险条件中分散性的要求。而且无论是非典疫情还是新冠肺炎疫情，都属于难以预见的、无基础数据的巨灾风险事件。在这样的背景下，保险公司还没有足够的经验和理念事先开发专门针对突发公共卫生事件的保险产品，而只能选择临时拓展保险责任范围和捐赠短期保险。这些略显临时抱佛脚的做法虽然能够解决个人客户的燃眉之急，为疫情中缺乏保障的医护人员和患者等群体在一定程度上消除后顾之忧，但在面对帮助企业，尤其是中小型企业克服经营困难的时候保险行业便显得十分无力。[7]这凸显了现阶段我国保险行业在社会风险职责管理领域仍然存在相应缺位的问题，最突出的一点就是现阶段保险公司更加注重扩大自我规模、做大盈利，导致保险行业在应对突发公共卫生事件中的风险管理职责不断地被动化和边缘化，被保险人与保险公司之间存在权利与义务仍然处于不对等的状态。保险公司在面对突发公共卫生事件时提供临时性补充条款或赠险会让自身承担更大的压力和经营风险。

2. 缺乏巨灾风险精算基础及应对机制

针对新冠肺炎疫情，我国的举国体制发挥了重要作用，政府主导和财政兜底是我国能战胜非典和新冠肺炎两次突发公共卫生事件的中流砥柱。但保险行业在类似的大型事件中面临历史经验数据无法支撑产品定价分析的窘境，同时将主要注意力集中于业绩扩张导致面对大型公共卫生事件时明显缺乏事前性的风险化解机制。以新冠肺炎疫情为例，如何针对此类大型风险建立行之有效的再保险和共保市场，形成传染病巨灾风险分层负担机制显得尤为重要。但此类机制的建立仍面临着许多困难，例如，对保险抗击疫情的多地合作有更高的要求，共同保险市场的风险再融资功能以及医疗等相关资源的调度和信息的互通等方面也存在相应的阻力。虽然在波及全国范围的疫情影响下政府的干预和调节会让以上环节临时打通，但是政府的强行干预和调节不仅会对市场经济环境产生极大影响，同时强行干预并不会常态化。保险公司缺乏相关的应对经验和机制,在公共卫生事件中只能被动临时性地加增条款与赠送短期险,这样的行为也势必会导致不同地区之间和针对不同人群的保险给付的不公平问题。因此,如何通过科技手段建立动态数据库,基于科技的赋能建立抗击巨灾事件的保险市场联动应急机制将是一个重要的待开发领域。

3. 补偿金额有限承保责任单一

在此次疫情中,占据健康险领域的绝大部分还是疾病与医疗等保险产品,险种较为单一,不能实现各阶段抗疫所体现出的不同目标,疾病与医疗保险在抗疫关键时期所起到的作用在抗疫取得阶段性胜利后会有所减弱,而后期更需要的则是长期护理和失能赔付等保险产品。虽然保险公司在疫情防控期间增加了较多的责任义务,同时捐赠的保险产品总项目额也超过了数千亿元人民币,但实际支出的新冠肺炎疫情方面的补偿仍然有限,原因在于国家出台的关于医疗费用保障措施中重点指明确诊患者所产生的医疗费用除了受到医疗保险、重大疾病保险、医疗援助等方面的补偿以外,其他患者个人承担的金额将由国家财政全部补齐。[8] 所以各家保险公司对自身的承保责任进行了扩增的情况下具体支付的赔偿金额并不多。在死亡赔偿方面,许多保险公司也扩大了责任范围,通过向一线抗疫人员捐赠保险的形式对因感染新冠肺炎而造成的死亡承担赔付责任。但通过相关数据可知此次疫情的总体致死率不到3%,而且保险公司赠送的项目期限也基本都不足6个月,所以预计赔付也有限。同时我国的保险市场还需要在险种的合理配置上进行设计,科学地进行保险范围的拓展,使保险在突发公共卫生事件中的不同阶段起到不同的作用,从而平滑危机与风险。

## 三、疫后保险业的发展方向

2003年我国暴发SARS疫情后保险公司针对疫情创造了传染病保险产品,然而之后全球均未发生大规模的疫病,因此人们逐渐忽略了该产品的重要性。新冠肺炎疫情暴发后,我国保险公司使用多种方式为客户提供保护措施,包括扩大公司的责任范围、在客户原有的订单中加入免费附加保险产品、研发新型保险产品等，增加了客户对保险产品的认知，吸引更多的客户购买保险产品。在疫情的影响下，保险业的未来发展方向也将变得更加多元，更加丰富。

（一）多领域丰富产品供给

丰富人身保险供给，推动人身保险扩面提质，实现稳定发展。要充分发挥人身保险个性化、差异化和定制化产品开发优势，针对保险市场需求多层次和多样化特点，重点面向欠发达地区、老年和儿童群体、易感人群、医护人员以及新业态从业人员和灵活就业人员等特定群体开发相应的补充养老保险产品、特定疾病保险产品和各类意外伤害保险产品，丰富人身保险产品种类，加大针对特定人群的保障力度，积极与基本保障制度相衔接，提升市场需求回应度和群众满意度。另外，人身保险一方面要不断扩大覆盖面，面向社会大众提供普惠性保险产品，结合各地政策开发质优价廉、简明易懂、保障全面的人身保险产品，提升人身保险的社会覆盖率和公众接纳度；另一方面要提高保险产品质量，加强在保险产品设计上的结构科学化、内容合理化和效果优质化水平，有效地满足当前的市场需求和预期。

创新人寿保险供给，推动人寿保险优化服务，实现创新发展。寿险业是应对人口老龄化，推动健康中国建设和实现经济社会稳定发展的重要支撑。人寿保险产品一是要始终以市场需求为导向研发新产品，积极开展专业化市场调研，建立产品研发人员激励机制，落实产品研发配套服务措施，保护产品研发知识产权，提升产品研发创新能力。二是要建立健全产品研发工作机制，明确研发部门及其他相关部门的工作内容和职责范围，明晰工作目标，细化工作任务，统筹推进新型保险产品生产供给。三是要提升保费精算水平，科学合理设置保费层次，调整保险长期经营策略，转变高投入、高成本和低效率的粗放经营方式，避免过度追求保费规模倾向。四是要优化人寿保险保障效果，逐步扩大保障范围，实现应保尽保，简化赔付流程，开设突发公共卫生事件下保险赔付绿色通道，提升保险赔付保障的及时性和有效性。[9]

完善财产保险供给，推动财产保险有效施保，实现可持续发展。以新冠肺炎疫情为代表的突发公共卫生事件扩散速度快、损害范围广，严重影响企业尤其是中小企业经营行为，危及企业生存。一是要发展可持续保险，包括营业中断保险（利润损失保险）和取消保险，关注企业在突发事件冲击下因营业中断而产生的间接损失以及大型赛事活动和旅游业相关活动中断或取消而导致的损失，并针对不同行业开发相应保险。二是要优化盈利模式，提升财产保险行业的投资回报率，增强盈利能力，有效积累大规模的风险准备金，提升应对突发公共卫生事件的财务实力。三是要加强政企合作，政府要逐步建立突发风险补偿机制，实现企业财产保险与政府突发风险补偿机制的有效衔接，提升对企业财产的保障水平和能力。

（二）多方位优化产品设计

1. 科学化的概率预测

一方面，要提升大数据分析能力，不断扩充数据范围，建立风险预测数据库。数据的收集和分析是有效进行预测的前提和基础，影响产品定价的可靠性和科学性，除开传统的数据收集方法，要更多地借助大数据技术多维度收集数据，结合不同的数据收集方法对数据进行校准，保证数据的真实性和可信度。另一方面，要不断扩充定价的影响因子，随着信息技术的快速发展和进步，对于影响因子的获取和分析更为容易，定价影响因子的选取也应该与时俱进，综合考虑多种影响因子，例如，核保流程、个人信用记录、消费记录、外生事件冲击等，提高预测的准确率。

2. 合理的产品参数设计

产品参数设计是实现保险精算模型预测的关键，产品的参数设计既要考虑共性指标，例如，缴费年限、保单给付年限和缴费比例等，也要针对保险产品的服务对象、用途等采用个性指标，例如，针对老年人群体的死亡率、失能率和护理费用等。同时产品参数设计要兼顾多维度和多因素，保障产品定价的科学性。

3. 数字化的定价模型

在科学化的概率预测和合理的产品参数设计基础上研发数字化定价模型，提高定价的精准性。结合各种定价模型构建数字化定价系统，立足于新的数据来源、影响因子和产品参数，不断进行数据积累和智能学习，提高精准定价的可靠性。创建多样化、多层次、范围广的产品体系，保证保险产品的市场合需性与前景性。

（三）多渠道转变经营思路

在展业过程中，一是要推动构建保险行业诚信系统和社会信誉，诚信是商业保险发展重要的外部环境条件，建立对于投保者的个人征信系统，针对保险业务中涉及的投保者个人行为，包括保险购买、出险赔付以及在这一系列过程中个人诚信行为都予以准确记录，通过征信系统的运作来降低保险产品销售过程中出现的逆向选择和道德风险行为，同时当前我国商业保险发展良莠不齐，社会认可度和信任度较低，要建立和完善保险行业销售规范，严禁销售过程中的误导销售、异化产品以及违法违规销售产品的行为。二是要加强专业培训，提高准入门槛，经过岗前培训确保营销人员具备相应的职业素质和专业知识，并建立营销人员的服务评价体系，提升营销人员的专业能力和业务水平。

在承保和理赔过程中，在承保上采取线下与线上相结合的方式，转变粗放的线下代理人模式，借助互联网建设在线承保平台，逐步推进承保业务在线一体化办理，保证线上业务流程简单易懂、操作简便、处理快捷；在保险形式上考虑通过分保、共保、再保等多种形式，有效实现风险分散，促进保险经营的可持续性。在理赔上，探索建立智能化的理赔平台，简化理赔程序，加强理赔审核，提高理赔处理效率，开设突发公共卫生事件时在线理赔的特殊通道，秉持"特事特办"原则，保障危急情况下理赔的及时性，有效维护投保者的权益。

在风险管理上，研究建立基于情景的"业务可持续发展预案"，进一步提升风险管理水平。一是借鉴 SARS 和新冠肺炎疫情等突发公共卫生事件的经验教训，建立突发风险模拟预警机制，加强监控预测，提升防范意识，不断加强技术支撑，借助技术手段实现对突发公共卫生事件风险的模拟和评估，提升风险监测和预警能力；总结和设计包括危机爆发、政府应对措施、经济影响、扰乱业务、货币财政政策等的危机场景，提升应对能力。

二是按照场景制定业务可持续计划，识别和监控突发风险事件，可持续计划基于每个场景制定单独的应急方案，组建专职团队负责风险压力测试数据的收集和分享，确保可持续计划的一线人员和指挥对任务理解的一致性；三是针对"扰乱业务秩序"的情景，建立"应急指挥中心"制度，领导、协调和规范应急工作的开展。

## 四、促进保险业建立重大风险长效化机制的具体建议

通过对抗新冠肺炎疫情总结经验得出，保险业能够对潜藏风险造成的后果起到保护作用，但是在面对突发的公共卫生事件时保险行业并没有较为全面且系统的风险化解机制，因此，如何促进保险业建立重大风险长效化机制，解决社会风险管理职责缺位的问题具有重要的现实意义。

（一）加快供给侧改革强化保障属性

此次疫情凸显了保险行业的作用，但是也暴露了保险产品具有的制约性，特别在保险行业供给侧改革中应该重视社会群众的多样化需求问题。例如，制定保险公司与监管部门联动机制，一方面加大对保险保障功能的利用；另一方面能满足不同类型客户的不同保障需求。就面对大规模疫情而言，保险公司应该创新产品和业务，利用互联网制定线上产品推广和销售机制，使业务办理的过程和环节逐渐简化，加大理赔时间限制，为客户提供更加便捷的服务，使客户的体验感提升，并且符合客户的真实需求和社会环境。[10]同时应该利用再保险公司的行业经验，加强对传染病保险产品的监管，制定完善的监管体系和风险防控体系，建立更为系统的传染病巨灾风险分层负担机制，利用互联网科技研发具有独特性的产品和业务。通过加快保险行业供给侧改革从监管支持、产品设计、销售渠道、理赔渠道、纠纷处理等各方面进一步完善保险行业的重大风险化解能力。

（二）加强政府合作构建风控平台

保险行业需要加大与政府部门的合作力度，共同搭建起有关重大疫情风险方面的管控与转移系统，并通过原保险以及再保险的手段为政府财政部门减轻资金支出的压力。当今世界上，大多数巨型灾难商业保险体系的

创建都是为了使人类可以更好地应对地震、洪水、海啸等重大自然灾害。而重大疫情风险有着发生突然、破坏力强、覆盖范围广、隐蔽能力强、风险可累积等多方面显著的特性，其带来的损害要比各种巨大自然灾害都要严重，情况也更加复杂。这对于财政部门以及商业保险行业履行责任的能力都是一份巨大的考验。所以保险行业要与政府部门联起手来，将相关领域的专业性人才进行集中整合，探究出更好应对重大疫情的风险管控机制。并与政府机构一起，在一定程度的保险范围内承担主要疫情造成的灾难损失，并运用再保险以及巨灾债券等分摊手段，将风险予以分散，从而保障行业所承担的压力在可承受范围之内，同时也为政府部门分忧，减轻财政部门的巨大压力。

（三）推动数字科技化建设加速转型

随着我国科技水平的提高，互联网和保险进行了有机结合，但我国大部分保险企业使用原始的产品推销方式，并且由工作人员对保险订单进行核对，在较多的业务中未融入科学技术。因为互联网或IT技术等科学技术的创新需要消耗大量的资金，导致保险公司对于期限较长的保险业务和期限较短的保险业务的态度不同。而疫情的出现加剧了保险行业在客户培养、技术提高、科技创新、风险预警和监管、服务水平、理赔政策和运行能力等多个方面的压力。疫情暴发之后，在互联网行业有较高成就的保险公司利用互联网软件和产品稳定了自身的发展，而大多数业务以线下方式办理保险公司因为受到疫情的冲击使自身的运行受到了打击。由于我国对疫情防控的要求为减少出行，远离人群，避免聚集性聚会，因此阻碍了以线下办理业务方式为主的保险公司的正常运行，而以线上办理业务方式为主的保险公司在此期间受疫情影响较小，因此其在短时间内发展速度远超线下保险公司，疫情暴发后线上保险公司的保费收入得到显著提高。[11]

虽然短期线上保险因疫情因素得到发展，但是如何将短期为应对疫情而设计的产品创新转变为持续且长效化的风险防控创新显得格外重要。因此，保险行业应该充分利用自身的数据优势加大对科学技术的使用，建立以大数据为中心的科技基础设施平台，大力研发新型线上、线下保险产品和业务。对线上平台系统进行完善，提高互联网服务水平，设置专业的互联网平台进行保险产品的推广宣传和销售，利用平台办理相关业务的同时对互联网用户进行调查分析了解客户的真实需求后对保险线上产品和服务进行升级，全面打通保险产品在售前、售中、售后的线上服务平台。在线上为客户办理相关业务的同时，开发简单易用的产品功能查询平台以满足客户利用互联网平台对业务和产品进行管理和查询的要求。通过推动数字科技化建设转型全面优化线上业务平台，进一步完善保险行业重大风险长效化机制。

（四）融入大健康产业链优化结构

通过新冠肺炎疫情能够反映出我国在公共医疗资源方面存在的主要问题，即我国的医疗资源数量较少，分配不均。2020年3月，我国出台了《关于深化医疗保障制度改革的意见》，其中对医疗保障制度进行了全面地分析，并提出了整改意见。如何防范如新冠肺炎疫情等大规模公共卫生事件中医疗资源短缺的问题再次发生是一个重要的课题，这其中将保险行业深度融入大健康产业链体系，让保险行业介入大健康产业上、中、下游产业链优化市场结构显得尤为重要。就发达国家的真实案例而言，受保险行业辅佐的私立医院以及养老社区能够很好地对公共医疗服务的需求进行相应的补充。在本次疫情之中，泰康人寿旗下的武汉泰康同济医院在未全面开业的情况下主动申请政府征用，成为新冠肺炎定点治疗医院，为政府抗击疫情贡献出了力量。这一案例为保险公司融入大健康产业链分担公共卫生风险提供了先例。除了保险公司与私立医院的结合、合作与发展案例之外，保险公司通过在医药工业、药械流通、互联网医疗、健康管理等领域的发展，进一步融入全国性的大健康产业链将对保险业建立重大风险长效化机制的建立提供强大动能。

**参考文献**

[1] 保险消费者信心指数编制团队. 2019年中国保险消费者信心指数报告 [J]. 保险研究, 2020 (6): 20-28.

［2］魏丽，杨斐滟．我国商业车险改革评析［J］．保险研究，2018（5）：16－32．

［3］邱越．银保监会公布保险行业2020年全年保费收入［J］．中国保险，2021（3）：3．

［4］王绪瑾，王浩帆．改革开放以来中国保险业发展的回顾与展望［J］．北京工商大学学报（社会科学版），2020，35（2）：91－104．

［5］王和．保险业抗击新冠肺炎疫情的回顾、反思与启迪［J］．保险研究，2020（3）：3－11．

［6］许闲，刘炳磊，杨鈜毅．新冠肺炎疫情对中国保险业的影响研究——基于非典的复盘与长短期影响分析［J］．保险研究，2020（3）：12－22．

［7］初苗苗，党予彤．新冠疫情对国际财产保险和再保险市场周期影响研究［J］．保险研究，2021（4）：3－23．

［8］任晓聪．"互联网＋"时代保险金融发展困境与路径探寻［J］．管理现代化，2016，36（5）：11－13．

［9］李文锐．保险产业政府规制的系统分析［J］．经济问题，2017（1）：73－78．

［10］何德旭，董捷．中国的互联网保险：模式、影响、风险与监管［J］．上海金融，2015（11）：64－67．

［11］王韦雯．数字普惠金融下互联网商业健康险业务发展现状、问题及建议［J］．中国医疗保险，2018（11）：68－72．

# 义务教育均等化的再理解与资源调整策略*
## ——以重庆市为例

◎1 罗　静　2 沙治慧①

1 重庆理工大学管理学院，重庆，400054；2 四川大学公共管理学院，四川成都，610063

**摘　要**：在经历快速城镇化后，重庆市义务教育矛盾迈入优质教育资源不平衡、不充分阶段，但同时整体资源不足、地区差异、区域内部差异和流动人口教育需求等问题并未完全解决。面对现实变化，本文从义务教育均等化发展阶段、资源承载力和均等化目标角度出发，重新解读重庆市义务教育均等化含义。笔者认为重庆义务教育虽完成了经费从无差别增量到精准化补差与增量同步变化，师资以生源为基础保持低速动态配置，硬件设施投入改薄补差效果显著，义务教育硬件均衡向软件均衡发展的变

---

\* 本文系 2018 年度重庆市教育委员会人文社会科学研究项目"快速城镇化背景下重庆基础教育服务均等化评价及均衡发展路径"（18SKGH102）；2018 年重庆市社会科学规划项目"社会组织参与重庆智慧养老的模式及实现路径"（2018QNSH40）；重庆市教育科学规划课题"重庆市基础教育扶贫效果测量及均衡发展策略"（2018 - GX - 106）成果。

① 罗静，女，四川成都人，博士，重庆理工大学管理学院讲师，研究方向：公共管理、公共服务。沙治慧，女，四川成都人，博士，四川大学公共管理学院教授，研究方向：公共投资与公共服务。

化，但仍面临资源布局不均等趋势加剧、人财物投入不均衡、义务教育资源区域间差异大等现实问题。增量补差是重庆市义务教育资源调整策略的核心，具体来说，要从增加义务教育资源投入总量来满足学龄人口需要，依据差异特点确定补差优先序建立市级资源调剂机制，以提高教育资源统筹层次。

**关键词**：义务教育资源　均等化

## 一、义务教育均等化的再理解

### （一）均等化内容变迁是顺应义务教育历史阶段的必然选择

从社会需要的角度来讲，现阶段义务教育的主要矛盾是优质教育资源不平衡、不充分。矛盾表现为：数量不足，人民群众对基础优质教育资源的需要与优质教育资源不足的矛盾；分布不均，地区间、城乡间、学校间优质教育资源不均衡；部分学校优质资源自我培育能力不足，无法实现吸收和转化。[①] 除了上述优质教育资源供需方面存在的矛盾外，重庆市义务教育还面临以下四个困难：一是在贫困地区教育资源总量不足。贫困地区义务教育仍然处于增量阶段，教学软硬件、资金、师资都相对匮乏，尤其是在贫困地区生源严重流失的情况下，如何守住现有投入不降低是需要考虑的问题。二是非贫困地区和贫困地区的义务教育差异明显。公众潜意识认为贫困地区义务教育不如非贫困地区，实质是认为贫困地区教育质量不如非贫困地区。三是各区域内部不同学区的差异。存在公众择校、挤兑名校资源与普通学校资源闲置共存的矛盾。四是流动人口义务教育资源获取与地区教育投入之间的时间差的矛盾。流动人口流动性大，对义务教育资源的需要是即期的，但流入地准备义务教育资源，配置校舍、师资、编制、资金都不是即刻可以实现的，对流入地义务教育管理部门提出了挑战。由此从社会需求的角度，重庆市的义务教育均等化既要追求均衡发展，缩小

---

① 李柯柯. "后均衡化"时代义务教育优质资源攻击模式及路径研究［J］. 江苏教育研究，2018（11A）：3-7.

义务教育差距，又要提高教育质量，办让人民满意的教育，处于均衡化向优质化转变的过程中。顺应义务教育发展的客观规律，响应国家义务教育的规划纲要，是重庆义务教育发展的必然选择。

（二）教育资源承载能力是均等化的实现基础

承载力本是工程地质领域的概念，本意是指地基的强度对建筑物的负重能力；后引入生态学，即"某一特定环境条件下（主要是生存空间、营养物质、阳光等生态因子的组合），某种个体存在数量的最高极限"（帕克、伯吉斯，1921年）。丁学森（2017）认为教育资源承载能力就是在一定时期和区域内，在不降低已有教育资源供需水平和保障学龄人口正常受教育权利的前提下，由教育系统内外各资源要素整合而成的教育人力、物力、财力资源的供容能力和自我调节能力，并对区域内学龄人口最大数量的支撑、承受能力或限制、约束程度。[①] 义务教育的承载力是指当前义务教育体系下，人力、物力、财力和时间等资源整合后，能够为社会提供义务教育服务的最高极限。但由于义务教育本身就不是封闭的系统，只要人力、物力、财力和时间都持续性地投入，义务教育系统不崩溃，承载力就不存在上限。但是因义务教育资源的供需关系，资源有限，会造成教育系统的"超载"，影响系统的共容能力和自我调节能力，降低教育质量。

人们满意的教育与现实义务教育的矛盾的根源就在于优质教育资源承载力有限，不能满足人们的要求，只能通过增加挑选条件将一部分需求排除在外，义务教育资源争夺愈演愈烈。人民满意的义务教育均等化重点是对教育结果的考察，公众需要更加公平和均等的教育结果。实现教育结果的均等化有两种思路：一种是削峰填谷，压制教育好的结果，削弱优质的教育，将义务教育导向均等差的方向；另一种是尊重优质教育存在的合理性，承认教育结果的差异性，通过增加优质资源投放，引导较差的教育结果往更好的方向发展，从而实现整体向好的均等化发展。毋庸置疑，第二

---

[①] 丁学森．大城市义务教育资源承载能力指标体系构建及引用研究［D］．长春：东北师范大学，2017（5）．

种方式更符合人们对美好生活的向往和预期。削峰填谷的方式并不是义务教育均等化的实现方式。

在不降低好的义务教育效果的前提下,提高优质教育资源的投入,增强义务教育的承载能力是新时代义务教育均等化的必然路径。重庆市义务教育面临增量、提质和流动三大要求,提高义务教育资源的承载能力,既要增量,守住贫困地区义务教育资源配置的底线,满足人们对义务教育高质量的期盼,又要适应人口流动和快速城镇化后带来的义务教育需求的空间变化,还要做好义务教育均等化发展。相应地,全市范围内增加义务教育资源投入总量是必然的,只是要做好区分:一是项目布局。增加有利于提高优质教育资源承载力的投入项目,而不是单纯地以硬件、资金和占地面积论英雄。师资、课程体系、教学手段、管理水平都是影响承载力高低的关键。二是空间布局。贫困地区需要优质的教育资源,要守住教育资源布局的地区底线,同时不能忽视城区内部教育资源的塌陷。流动人口的涌入必然带来资源的紧张,挑战了城市的义务教育资源承载能力,按照人头配置资源,"服务跟人走"与守住偏远贫困地区教育资源布局底线同等重要。三是统一评价标准。学位个数、师资力量、经费多寡、校舍面积、教育质量等都会影响承载能力,但由于承载能力只有"超载",不存在崩溃,因此,划定统一的承载评价才能够判断超载和承载不足,给出资源调配方案。

(三)义务教育均等化的目标是合适

义务教育均等化的目标是合适,不是最优,不以分数论英雄。义务教育本身就不是挑选和体现差别化,而是保证国民基本素质的培育和国家教育理念的贯彻。什么是好的教育?是义务教育均等化的逻辑起点。公众对优质教育以及优质教育均等化目标的理解有偏差。在义务教育均等化价值判断中,公众更倾向于用教育结果来替代教育均等化,用分数和升学作为优质教育的认定标准,升学率、重点升学率成为对义务教育好坏的标准。这样的认知和判断会导致中小学片面追求升学率,将所有的资源都倾注在分数和升学上,忽视了学生基本素质的培育,导致教育系统同质化,也难以实现教育的公平和均等发展。因为分数和升学率的本质是挑选，永远都会有更高的分数来刷新优质教育结果的判断标准。并且这种同质化的教育模式也不适合每一个学生，义务教育更多的是为学生提供一种可能性，是启发性的教育，将文化、基本常识、道德观念和法律深耕到孩子心中，成长为基石。因此，义务教育均等化的目标只能是普及和灌输基础的社会化内容，而不是进行挑选。

义务教育均等化的评价要培育公众的理性价值观念。公众对义务教育效果和均等化的满意程度在很大程度上取决于公众的认同。社会认同有三个认同层次，第一层次是认知和情感层面的认同，第二层次是社会身份内容的认同，第三层次是行为层面的认同。目前公众在第一次层次认知和情感层面的认同中，就出现了基本情况认知的偏差。公众对义务教育的基本功能和定位的认知出现了偏差，认为义务教育是比较和挑选，而不是知识的普及和基本素养的达成，进一步造成了对义务教育价值内容认同的偏差，迅速传导到行为层面的误判。培育公众义务教育的理性观念首要任务是纠正公众对义务教育基本功能和定位认知的偏差，通过宣传和再教育引导公众的价值观念回归理性。

义务教育理性观念是供需双方的理性。从公众方来说，重庆市义务教育正处于从有学上到上好学的转化阶段，人们对教育的诉求正发生着激烈的变化。在现有义务教育资源承载能力不均的情况下，要避免公众将义务教育等同于市场商品，试图通过交易的形式加剧义务教育的不公。哈贝马斯提到私人领域和市场经济趋利下产生的领域并不具备最初公共领域的含义，只是多种私人利益的集合。将教育置于市场范畴内讨论，将导致其丧失公共性（张茂聪，2010）。[①] 一旦将义务教育服务等同于市场服务，那么在市场交易中，公众的需求会受到支付能力的限制，无法支付教育门槛费用的公众将会被排斥在教育之外，而有支付能力的公众则希望提高价格，筑起围墙，将更多的人排除在外，达到独享教育服务的目的；这将严重损

---

① 张茂聪. 论教育公共性及其保障 [D]. 济南：山东大学，2010 (6): 46.

害义务教育公平性和均等化的实现，也违背了我国义务教育的初衷。我国义务教育提供的是纯公共产品，义务教育的基本功能不由市场提供，家长的支付能力不能成为获取优质教育资源的条件。从供给方来说，政府部门要时刻牢记义务教育的基本定位和基本功能，要在不同历史阶段完成义务教育的历史任务。国家实施义务教育并不是为了追赶公众的需要，义务教育有着自身特定的作用和功能，在完成基础使命的前提下，才能够满足人们更多的需求。政府要合理判别公众理性需要，守住义务教育底线，鼓励义务教育多元发展，坚持义务教育基本功能和定位是实现均等化发展的基石。义务教育均等化的过程就是供需双方围绕教育效果和资源配置的一个调试过程，完全满足公众需要如同完全均等化教育结果一样，都是非理性的。

## 二、重庆市城镇化中义务教育资源均等化发展与变迁[①]

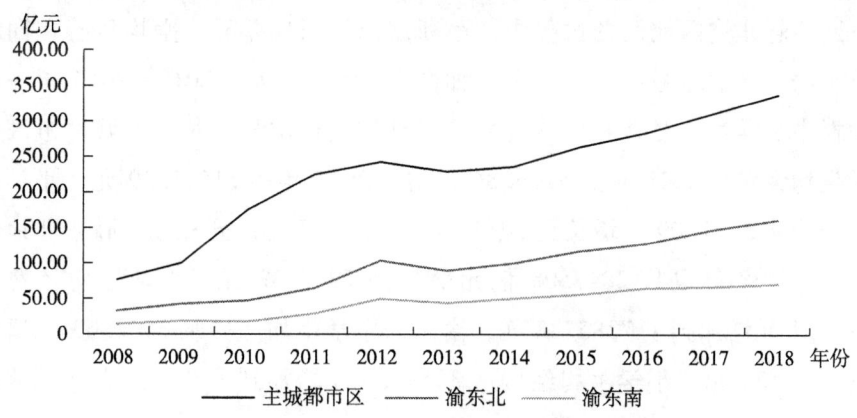

**图1　2008—2018年重庆市一区两群教育支出变化趋势**

### （一）经费从无差别增量到精准化补差与增量同步变化

经费投入经历了从无差别增量到精准化补差与增量同步的变化过

---

① 本文指的后城镇化并不是指高速城镇化率，而是高度城镇化和人口高速流动化的状态。一是高度城镇化，城镇化率高，拥有大量城镇人口存量；二是人口高速流动化，流动人口多，流动频率高，流动间隔短，流动速度快的状态。

程，有效地缩小了区域投入差距。如图1所示，2008—2012年中央财政投入后，教育经费支出从2008年的123.57亿元增加到2012年的395.8亿元，净增长272.23亿元，主城都市区增长最多，高达165.93亿元。

无差别增量，加大教育投入是该时期最主要的特征。2015年后提出义务教育城乡一体化发展策略，明确了城乡义务教育经费分摊比例，加大了中央财政向渝东南地区、渝东北地区的投入比例，补差投入的方式逐步缩小了贫困和非贫困地区[①]的差异。从绝对数来说，非贫困地区比贫困地区多2个区县，非贫困地区教育支出绝对数一直占优势。但是就贫困地区和非贫困地区教育支出差额来说，两地区的差距在缩小。2008—2014年两地教育支出差距年均增幅为45.6%，贫困地区和非贫困地区教育支出差距越拉越大；2015年后，两地教育支出差额增幅下降到8.4%，2016年和2018年还出现了不同程度的负增长，贫困地区教育投入在一直不断追赶非贫困地区的过程中，逐渐缩减了两地差异。生均经费在同时增量的前提下缩减了地区差距。如图2、图3所示，2010—2015年一区两群中小学生均经费和生均公用经费整体呈现增长趋势。主城都市区中学生均经费从2010年的5106.86元增长2015年的11585.39元，小学生均经费从5197.09元增长到2015年的8653.67元；同样地，渝东北地区中学生均经费也从2843.05亿元增长到7978.32元，小学生均经费从3129.1元增加到了7385.88元，渝东南中学生均经费从3562.63元增加到9788.34元，小学生均经费从3359.38元增加到了9326.02元，整体呈现持续增长趋势。

---

① 重庆市贫困地区包括万州区、涪陵区、黔江区、南川区、潼南县、城口县、丰都县、武隆县、忠县、开县、云阳县、奉节县、巫山县、巫溪县、石柱县、秀山县、酉阳县、彭水县等18个区县。

## 义务教育均等化的再理解与资源调整策略

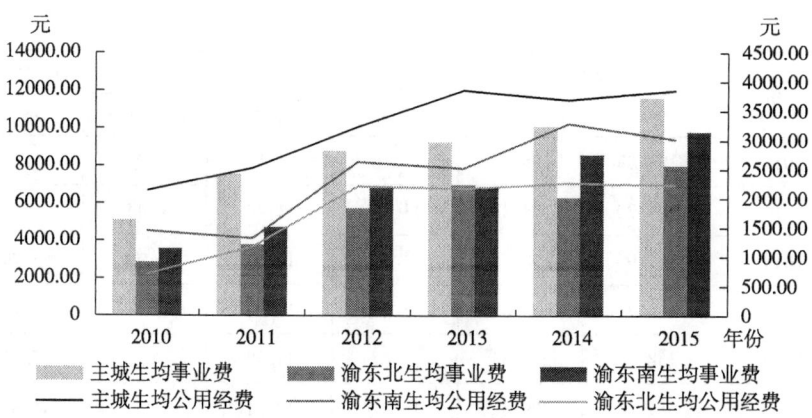

图2　2010—2015年重庆市一区两群中学生生均事业费、生均公用经费变化趋势

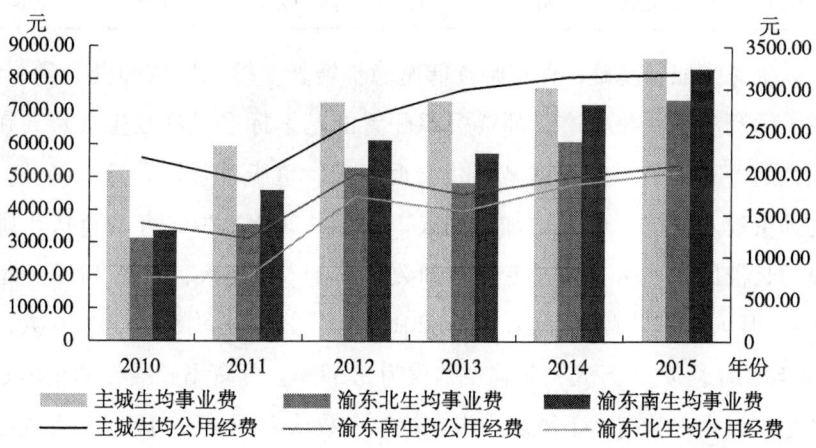

图3　2010—2015年重庆市一区两群小学生生均事业费、生均公用经费变化趋势

### （二）师资以生源为基础保持低速动态配置

表1　　　　　2008—2018年重庆市一区两群中小学在校生人数

单位：万人，%

| 年份 | 在校生人数 | | 专任教师数 | | 百人生均教师数 | |
|---|---|---|---|---|---|---|
| | 中学 | 小学 | 中学 | 小学 | 中学 | 小学 |
| 2008 | 190.79 | 224.39 | 10.31 | 11.92 | 5.40 | 5.31 |
| 2009 | 192.02 | 208.14 | 10.65 | 11.75 | 5.55 | 5.64 |
| 2010 | 190.82 | 199.94 | 10.93 | 11.61 | 5.73 | 5.80 |

续表

| 年份 | 在校生人数 | | 专任教师数 | | 百人生均教师数 | |
|---|---|---|---|---|---|---|
| | 中学 | 小学 | 中学 | 小学 | 中学 | 小学 |
| 2011 | 183.89 | 195.48 | 11.10 | 11.53 | 6.03 | 5.90 |
| 2012 | 174.70 | 194.32 | 11.25 | 11.40 | 6.44 | 5.87 |
| 2013 | 167.90 | 198.91 | 11.39 | 11.52 | 6.78 | 5.79 |
| 2014 | 162.73 | 203.42 | 11.41 | 11.64 | 7.01 | 5.72 |
| 2015 | 158.36 | 207.33 | 11.47 | 11.89 | 7.24 | 5.73 |
| 2016 | 157.28 | 209.82 | 11.52 | 12.31 | 7.33 | 5.87 |
| 2017 | 159.22 | 209.95 | 11.56 | 12.53 | 7.26 | 5.97 |
| 2018 | 165.33 | 209.54 | 11.72 | 12.65 | 7.09 | 6.04 |

以生源为配置基础，保持师资低速稳步增长，缩减区域师资力量差距，形成了师资动态调整标准。师资资源配置的基本标准是在校生数量，在校生人数的多寡决定了师资增减变化。近年来，重庆市师资总量增幅低，但生均师资投入保持了匀速增加。如表1所示，2008—2018年，重庆市师资总量增长极低，2018年中学专任教师数量为11.72万人，仅比2008年增加了1.41万人，年均增幅为1.2%，2018年小学专任教师12.65万人，比2008年增加了0.73万人，年均增幅仅为0.58%。师资增长缓慢的主因是中小学生在校生人数持续下跌。中学在校生人数从2008年的190.79万人减少到2018年的165.33万人，年均减少幅度为1.3%；小学在校生从2008年的224.39万人减少到2018年的209.54万人，年均减少幅度为6.6%。但中小学的百人生均教师数量保持了持续增加，中学生均教师数量从2008年的5.4人/百人增加到了2018年的7.09人/百人，小学生均教师数则从2008年的5.31人/百人增加到2018年的6.04人/百人，年均增幅分别达到3.1%、1.4%。在校生人口逐年减少，师资资源仍然保持了低增速，是重庆保证师资资源投入重要的举措。

（三）硬件设施投入改薄补差效果显著

从整体来讲，2010—2015年重庆义务教育硬件设施总量是增加的。一区两群学校占地面积除了主城都市区缩减外，2015年两群地区学校平均占地面积分别是2010年的1.28倍和1.22倍，校舍建筑面积分别是2010年的1.41倍和1.54倍；设备设施中的教学用计算机和藏书总量增幅也较为显著，2015年的数额基本是2010年的1.4~2.2倍；固定资产增幅明显，2015年一区两群校均固定资产价值分别是2010年的1.56倍、1.98倍和2.04倍。

分段来说，义务教育改薄工程前，主城区义务教育学校硬件设施明显优于渝东北地区和渝东南地区的中小学。2010年主城都市区中小学校均占地面积为3.85万平方米，比渝东北地区、渝东南地区分别多1.04万平方米和0.18万平方米；学校建筑面积主城都市区有1.68万平方米，比渝东北地区和渝东南地区分别多0.25万平方米和0.39万平方米。2014年重庆市"全面改薄"工程启动，对农村义务教育、义务教育薄弱学校进行硬件设施投入和改造，2015年渝东北地区与渝东南地区校均面积和校舍建筑面积反超主城区。2015年渝东北地区校均占地面积和校舍建筑面积增加到3.58万平方米、2.03万平方米，渝东南地区也增加到了4.47万平方米和1.99万平方米，主城都市区校均水平保持在3.42万平方米和1.75万平方米。

从增速来看，"全面改薄"工程助推了渝东北地区和渝东南地区义务教育硬件的追赶速度。如图4所示，2010—2015年除去主城区学校占地面积减少之外，一区两群的校舍建筑面积、图书藏量、教学用计算机数量和固定资产总体上呈现正增长趋势，渝东北地区和渝东南地区硬件投入追赶态势明显，固定资产、计算机、建筑面积和学校占地面积年均增幅都高于主城地区，渝东北地区、渝东南地区在教学用计算机、固定资产总量年均增幅上约为20%，增速相当可观。伴随着高速城镇化的进程，重庆义务教育硬件设施资源布局特征也呈现增量补差的特征，主城区受限于地理环境，老城区学校成为硬件建设的难点，渝东北地区和渝东南地区凭借倾斜性政策加速了对主城区硬件设施的追赶，进一步缩小了义务教育硬件设施资源上的差距。

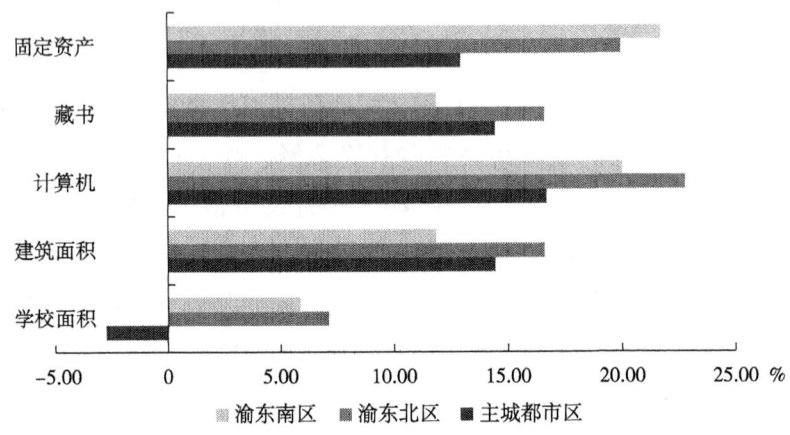

图4　2010—2015年重庆市一区两群硬件投入年均增幅

(四) 义务教育硬件均衡向软件均衡发展

全市推行教育标准化管理和课程管理,开启了义务教育硬件均衡向软件均衡的发展道路。2011年《重庆市义务教育学校办学条件基本标准(试行)》对办学硬件、班级规模、学生人数等硬性条件进行了规范,为教育标准化提供了一个基础;2014年教育部发布《义务教育学校管理标准(试行)》,开启了办学软件资源的均等化转变,2018年《重庆市教育委员会关于做好贯彻落实义务教育学校管理标准工作的通知》标志着重庆市义务教育资源布局"从硬件均衡走向软件均衡,从资源均衡走向管理提升"。以教学内容设计为主的课程管理也直接影响了教育均等化结果。2010年重庆市在农村中小学开始了领雁工程,除了提高中小学教师执教能力之外,最主要的目的是落实农村学校课堂教学改革工程,引进优质课程,推行优课比赛,加快农村地区课程和教师的双面发展,缩减区域差距。2016年《重庆市人民政府办公厅关于全面加强和改进学校美育工作的实施意见》统筹考虑区域差异,重点关注农村、边远、贫困和民族地区美育办学条件的达标,加强分类指导,因地因校制宜,鼓励学校美育特色发展。后续地区特色课程改革中,在偏远地区、农村地区特色教育推行过程中,结合地方实际开设劳动课、手工课、蔬菜种植等课程,荣昌区清升镇回龙完小得到镇街支持,组织学生在三层岩开辟"天岗玉叶"茶叶基地,丰富了教学内容。

## 三、快速城镇化后重庆市义务教育均等化测评及存在的问题

本文基于扎根理论①选择义务教育均等化评价指标体系(见表1),在指标体系基础上求解重庆市义务教育资源布局变异系数②(见表2),用变异系数衡量义务教育均等化程度。变异系数是偏离均衡值的距离,变异系数越大表明偏离均值越远,越不均衡,变异系数越小,表明偏离均值越小,越均衡。

本文数据由2010—2017年《重庆市教育统计年鉴》《重庆市统计年鉴》整理而来,原始数据如表2所示。按照前文变异系数法,求出2010—2016年重庆市全市中学和小学硬件投入、财政投入、师资投入三个方面的资源分布均等化情况,结果如表3所示。

表2　　　2010—2016年重庆市中小学各指标原始数据

| | 年份 | 2010 | 2011 | 2013 | 2014 | 2015 | 2016 |
|---|---|---|---|---|---|---|---|
| 中学 | 学校个数/个 | 1273 | 1259 | 1170 | 1179 | 1167 | 1120 |
| | 生均教学用计算机数/台 | 0.048 | 0.074 | 0.087 | 0.100 | 0.121 | 0.121 |
| | 生均图书馆藏书量/本 | 10.362 | 12.575 | 17.311 | 18.896 | 22.205 | 24.215 |
| | 生均占地面积/m² | 19.875 | 21.413 | 25.836 | 27.949 | 28.064 | 26.921 |
| | 生均校舍建筑面积/m² | 9.718 | 10.030 | 13.501 | 14.053 | 15.464 | 15.631 |

---

① 扎根理论最初由美国学者 Glaser, G. 和 Strauss, A. (1967) 提出,是经过系统性的资料搜集与分析,通过不断比较与提炼出能够反映社会现象的概念,厘清范畴与范畴之间的关联,最终形成研究的理论支持。扎根理论的研究目的是弥补理论与实践的脱节,在尊重现实经验的前提下,深化理论研究解决实际问题的指导能力。扎根理论的基本操作方法是访谈——编码——模型。按照这个思路,本文借鉴扎根理论的理念和方法,通过专家访谈,整理信息,进行编码,厘清义务教育扶贫效果评价的核心概念,以及核心概念与实践的关联和指向,得出指标体系。

② 单项指标的变异系数越大,均等化程度越低。公式如下:$cv_i = \sqrt{\sum_{j=1}^{n}(s_{ij}-\bar{s}_i)^2/(n-1)}/\bar{S}_i \times 100\%$,其中,$\bar{S}_i$表示当年单项指标的均值。总体水平的变异系数越大,说明该地区均等化程度越低。按照上述步骤,得出历年各地区义务教育服务均等化指数。公式如下:$CV = \sqrt{\sum_{i=1}^{n}(z_i-\bar{z})^2/(n-1)}/\bar{Z} \times 100\%$;其中,$\bar{Z}$表示当年义务教育资源投入总体均值。

续表

| | 年份 | 2010 | 2011 | 2013 | 2014 | 2015 | 2016 |
|---|---|---|---|---|---|---|---|
| 中学 | 生均固定资产总值/元 | 9340 | 9413 | 14092 | 13930 | 17577 | 18366 |
| | 生均经费/元 | 3981 | 5581 | 8135 | 8521 | 10123 | 11486 |
| | 生均公用经费/元 | 1467 | 1794 | 3084 | 3126 | 3193 | 3675 |
| | 教育支出/财政支出/元 | 0.087 | 0.080 | 0.173 | 0.168 | 0.162 | 0.166 |
| | 生均专任教师数/位 | 0.057 | 0.060 | 0.068 | 0.070 | 0.072 | 0.073 |
| | 生均教职工数/位 | 0.058 | 0.069 | 0.077 | 0.084 | 0.086 | 0.083 |
| 小学 | 学校数/个 | 5544 | 5248 | 4728 | 4586 | 4170 | 2979 |
| | 生均教学用计算机数/台 | 0.040 | 0.053 | 0.059 | 0.070 | 0.087 | 0.086 |
| | 生均图书馆藏书量/本 | 10.304 | 11.388 | 13.671 | 12.910 | 14.658 | 15.307 |
| | 生均占地面积/m² | 27.724 | 21.129 | 22.019 | 21.652 | 21.173 | 16.002 |
| | 生均校舍建筑面积/m² | 8.365 | 7.985 | 8.606 | 8.967 | 9.170 | 7.304 |
| | 生均固定资产总值/元 | 6206 | 5546 | 6113 | 8045 | 8354 | 8384 |
| | 生均经费/元 | 4097 | 4702 | 6229 | 7099 | 8188 | 9157 |
| | 生均公用经费/元 | 1490 | 1293 | 2314 | 2525 | 2635 | 3006 |
| | 教育支出/财政支出/元 | 0.087 | 0.080 | 0.173 | 0.168 | 0.162 | 0.166 |
| | 生均专任教师数/位 | 0.058 | 0.059 | 0.058 | 0.057 | 0.057 | 0.059 |
| | 生均教职工数/位 | 0.055 | 0.061 | 0.060 | 0.061 | 0.059 | 0.047 |

注：数据根据《重庆市统计年鉴（2011—2017）》《重庆市教育统计年鉴（2011—2017）》整理而来。

表3　　2010—2016年重庆市中学资源投入变异系数结果

| 年份 | 综合 | 硬件投入 | 资金投入 | 师资投入 |
|---|---|---|---|---|
| 2010 | 0.6070 | 0.5478 | 0.3820 | 0.0377 |
| 2011 | 0.7366 | 0.5101 | 0.5596 | 0.1579 |
| 2013 | 0.9605 | 0.1469 | 0.8983 | 0.0057 |
| 2014 | 1.0287 | 0.5110 | 0.5430 | 0.5744 |
| 2015 | 1.6259 | 1.6022 | 0.2019 | 1.4142 |
| 2016 | 1.3171 | 1.9167 | 1.7321 | 1.4142 |

## （一）义务教育资源布局不均等趋势加剧

重庆市义务教育资源布局差距有扩大的趋势，小学资源布局均衡性优于中学资源布局。如图5所示，2010—2016年重庆市中小学资源投入综合变异系数呈现上升趋势，中小学资源投入非均衡发展趋势抬头。小学义务教育资源布局均衡性整体高于中学。参考张启春、张帆（2009）提出的标准，按照变异系数值大小，视（0.1，0.5）为低偏离高均衡，（0.5，0.8）中偏离中均衡，（0.8以上）为高偏离低均衡。2010—2016年重庆市各区域小学资源布局整体均等化程度较好，变异系数在（0.1，0.6），除去2016年变异系数超过0.5，其余年份均拥有较高的均衡水平。教育资源的均衡发展不仅要求总量均衡，更关键的是资源投入要与社会经济发展均衡。2016年小学综合变异系数增加，均衡性降低，主要原因是教育支出/财政支出的比例降低，尤其是主城都市区教育支出绝对数在增长，但增长速度低于区域财政支出增速，造成占比降低，影响了小学资金资源投入的均衡程度。中学教育资源布局非均衡程度一直较高，变异系数在（0.6，1.3），逐步从中等均衡发展转向非均衡发展。一方面是因为较之小学点多规模小、资源分散布局的特点，中学学校数量少，资源集中程度更高；另一方面是集团办学、民办初中和私立初中的发展，大量硬件设施和师资的投入导致了资源布局非均衡化布局。分段来看，2010—2015年重庆市小学教育资源基本均衡，综合变异系数在0.2左右，重庆市各地区小学硬件资源、资金资源、师资资源整体均衡发展状态良好；2016年后非均衡水平趋势出现；中学资源布局在2010—2011年属于中等均衡；2013年后综合变异系数超过0.8，且以每年19%的比例扩大差距。

## （二）义务教育人财物投入不均衡

从三大资源投入情况来看，师资资源均衡程度相对较好。从表11、表12可以看出，三大资源投入均衡程度变异系数从0.1至2.0之间不等，内部结构差异较大，但师资资源表现相对较好，尤其是小学师资资源的变异系数维持在（0.3，1.0）变化，多数表现为中等均衡和高度均衡。在中学三大资源投入中，师资资源均衡程度相对较好，2010年、2011年、2013年

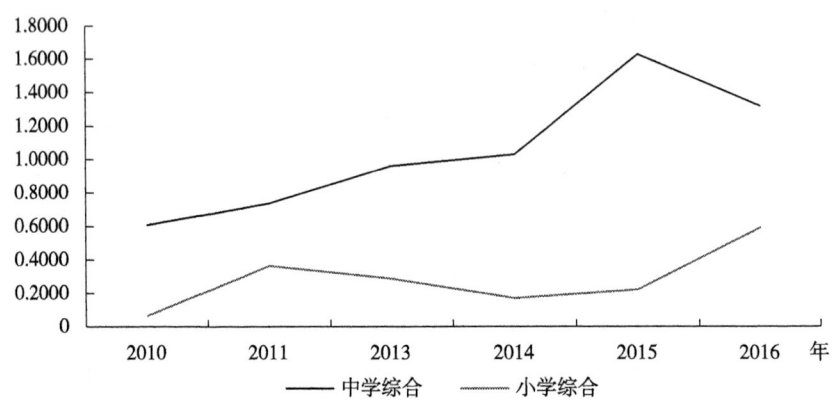

**图 5　2010—2016 年重庆市中小学资源布局综合变异系数变化趋势**

连续三年师资变异系数均低于 0.2，属于高度均衡状态，2014 年均衡程度中等，2015—2016 年均衡程度较低。但师资投入均衡度变化大，2015 年之后均衡程度急速降低，变异系数从 0.2 的均衡状态急速增长到 1.4 的高度不均衡。同样中学硬件投入和资金投入也大致遵循了从均衡状态到非均衡状态的变化趋势。2015 年之前硬件投入均等化程度以中等为主，2015—2016 年表现为非均等化；资金投入变异系数变化幅度更大，均衡状态毫无规律可言。同样在小学三大资源投入中，师资均衡向好趋势明显。2010 年变异系数为 0.76，2013 年下降到 0.52，2015—2016 年在（0.3，0.6），均衡度经历了"中—低—高"的发展过程，2016 年变异系数为 0.6 左右，均衡性整体向好。小学资金资源均衡变化分为几个阶段：2010—2011 年、2014—2015 年均衡性较好，变异系数值均在（0.2，0.5），2013 年和 2016 年这两年均衡性较差，变异系数大于 0.8，整体趋势在反复震荡过程中向非均衡发展。小学的硬件资源均衡性从中等均衡向非均衡变化。2010—2014 年变异系数在（0.4，0.8），属于中等均衡和高度均衡，2015 年后变异系数迅速增加，非均衡趋势明显。

## （三）义务教育资源区域间差异大

重庆全市义务教育资源项目布局区域间非均衡趋势增加。如图 6 所示，2010—2016 年重庆市中学和小学全市综合变异系数均呈现逐年递增趋势，中学综合变异系数远高于小学综合变异系数。从全重庆的角度来说，义务教育资源区域分布差异大，区域间不均衡程度逐年增加，中学资源布局区域差异远大于小学。从表 4、表 5 可以看出，2010—2011 年中学全市综合变异系数在（0.6，0.8），属于中等均衡，2013 年之后变异系数大于 0.8，属于高度不均衡，2010—2016 年重庆市中学教育资源区域之间的差异以年均16.5%的趋势不断扩大。小学教育资源整体呈现高度均衡过渡到中度均衡的发展状态。2014 年前重庆市小学教育资源布局区域均衡性良好，区域差异不大，资源布局区域变异系数均在（0.2，0.4），属于高度均衡状态。2015年后变异系数位于（0.7，0.9），属于中等均衡状态。虽然小学资源分布整体均衡性优于中学，但资源布局区域差异逐年增加，需要引起重视。

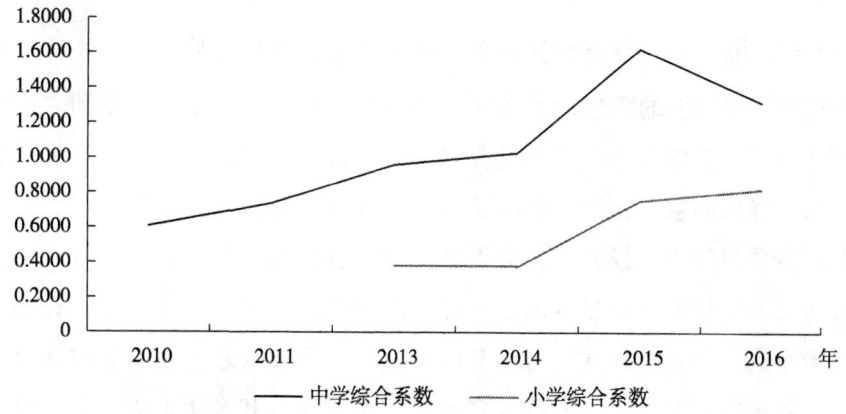

**图 6  2010—2016 年重庆市中小学资源分布区域变异系数**

**表 4　　　2010—2016 年重庆市一区两群中学综合变异系数结果**

| 年份 | 全市综合 | 主城综合 | 渝东北综合 | 渝东南综合 |
|---|---|---|---|---|
| 2010 | 0.6070 | 0.0902 | 0.0862 | 0.0267 |
| 2011 | 0.7366 | 0.1757 | 0.0698 | 0.0725 |

续表

| 年份 | 全市综合 | 主城综合 | 渝东北综合 | 渝东南综合 |
|---|---|---|---|---|
| 2013 | 0.9605 | 0.2542 | 0.2737 | 0.4811 |
| 2014 | 1.0287 | 0.3948 | 0.2918 | 0.6526 |
| 2015 | 1.6259 | 0.7750 | 0.5283 | 0.0900 |
| 2016 | 1.3171 | 0.6643 | 1.0885 | 0.8974 |

表 5　2010—2016 年重庆市一区两群小学综合变异系数结果

| 年份 | 全市综合 | 主城综合 | 渝东北综合 | 渝东南综合 |
|---|---|---|---|---|
| 2010 | 0.2214 | 0.3472 | 0.2326 | 0.2840 |
| 2011 | — | — | — | — |
| 2013 | 0.3834 | 0.5141 | 0.2233 | 0.7565 |
| 2014 | 0.3764 | 0.5883 | 0.4070 | 0.7495 |
| 2015 | 0.7554 | 0.7955 | 0.3759 | 0.6516 |
| 2016 | 0.8214 | 0.7877 | 1.7321 | 0.9262 |

## 四、增量与补差同步的义务教育资源项目布局均衡策略

### （一）增加义务教育资源投入总量满足学龄人口需要

公共服务资源的配置动力源于公众需要，但真正决定能够调动多少资源用于公共事业的因素是错综复杂的，经济能力、财政收支、社会发展要求、公众需要的急迫程度、政府发展规划方向以及地区文化都有可能左右公共服务项目的资源投入。义务教育作为社会发展的基石，政府有责任优先考虑义务教育的资源投入问题，评价教育投入一般有三个维度：充足与否、效率高低和公平程度。充足考虑的是对教育投入总量是够能够满足教育教学发展的需要，能够维持教育系统的正常运行和健康发展；效率更多地考虑教育资源使用与教育结果之间的关系；公平考虑的是教育资源分配问题，在不同地区、不同学校、不同群体、不同教育层级中资源分配的问题。[①] 在衡量教育资源投入的三个维度中，第一维度充足性是效率和公平的基础，保证义务教育资源投入的总量充足，是实现重庆市义务教育资源布

---

① 邹平川. 学前教育投入的财政法保证研究 [D]. 合肥：安徽大学，2014（4）：13.

局均衡的前提条件。尤其是随着学龄人口的增加，公众对义务教育的需求总量不会因为城乡统筹和区域均衡发展而减少，教育资源的均衡布局能够有效提高资源的使用效率，但提高效率的最终目标是实现优质教育和教育结果的均衡化，而不是将减少投入总量作为均衡布局的目标。

根据灰色系统模型 GM（1，1）[①] 对重庆市义务教育学龄人口进行预测。在非人口普查和非人口抽样调查的年份，各省市只提供 0～14 周岁、15～60 周岁和 65 周岁以上的年龄段人口统计数量，按照本文义务教育小学、初中和高中，以 0～14 周岁人口为基础进行匡算。

将 2010—2018 年的 0～14 岁总人口数据代入，进行求解，得到总人口的时间响应函数：

$$x^1(m+1) = 44079.122362 e^{0.010891m} - 43589.322362$$

其中，2011—2018 年的总人口的相关值如表 6 所示。

表 6　　　　　　　　相关值计算结果

| 年份 | 计算值 $\hat{x}^{(0)}(k)$ | 实际值 $x^{(0)}(k)$ | 残差 $E(k)$ | 相对误差 $e(k)$ |
|---|---|---|---|---|
| 2011 | 482.707677 | 493.02 | -10.312323 | -2.091664 |
| 2012 | 487.993779 | 490.93 | -2.936221 | -0.598094 |
| 2013 | 493.337768 | 487.08 | 6.257768 | 1.284752 |
| 2014 | 498.740278 | 491.49 | 7.250278 | 1.475163 |
| 2015 | 504.201951 | 497.43 | 6.771951 | 1.361388 |
| 2016 | 509.723435 | 504.82 | 4.903435 | 0.971323 |
| 2017 | 515.305385 | 518.78 | -3.474615 | -0.669767 |
| 2018 | 520.94846 | 529.48 | -8.53154 | -1.611305 |

为了定量判断模型对原数据的拟合程度，本文还引入平均相对残差 $\overline{\varepsilon_r}$ 的概念。

$$\varepsilon_r = \frac{1}{n-1} \sum_{k=2}^{n} \left| \frac{|x^{(0)}(k) - \hat{x}^{(0)}(k)|}{x^{(0)}(k)} \right| \times 100\%$$

一般规定平均相对残差小于 20% 时，模型对数据的拟合达到一般要求，

---

① 灰色系统模型 GM（1，1）可以根据已知的少量信息，对事物进行中长期的预测，且准确性较高。

小于 10% 时，则拟合程度好。计算模拟总人口数据的平均相对误差为 1.26%，可认为拟合程度好（见表 7）。

表 7　　　　　　　　　　后验差检验

| 数据类型 | 后验差比值 C | 小误差概率 P | 精确等级 |
| --- | --- | --- | --- |
| 年份人口 | 0.2095 | 1 | 好 |

基于模型正确性的前提下，本文预测了 2019—2030 年 0~14 岁总人口，如表 8 所示。

表 8　　　　　　　　预测总人口　　　　　　　单位：百万人

| 年份 | 预测人口 | 年份 | 预测人口 |
| --- | --- | --- | --- |
| 2019 | 526.653335 | 2025 | 562.218733 |
| 2020 | 532.420681 | 2026 | 568.375555 |
| 2021 | 538.251187 | 2027 | 574.599799 |
| 2022 | 544.145542 | 2028 | 580.892206 |
| 2023 | 550.104445 | 2029 | 587.253519 |
| 2024 | 556.128603 | 2030 | 593.684495 |

可以看出 2019—2030 年 0~14 周岁人口仍然呈上升趋势，学龄人口对义务教育资源的需求并不会降低。随着学龄人口的增加，各类义务教育资源投入需求也应随之增加，增量是重庆市基础资源布局的首要策略。

（二）依据差异特点确定补差优先序

义务教育资源的初次分配和二次分配会导致非均衡的资源布局结果。许伯钧（2017）提出义务教育资源分配中存在两个伦理问题需要解决：一个是平等与公正之间的排序问题，另一个是平等与公正之间的关系与张力。平等与公正问题的排序代表了在资源分配过程中，普遍的义务教育资源和其他教育资源关系的处理问题，也就是如何处理好初次分配的教育资源和再次分配的教育资源。平等与公正之间的关系则指向分配实践过程中二者的协调。[①] 义务教育资源有初次分配更倾向于平等，而二次分配更倾向于公

---

① 许伯钧. 我国义务教育均衡发展的伦理学研究 [D]. 南京：东南大学，2017（11）：63.

平，非义务教育资源也尊重差异分配原则，完全相等或者完全均等的义务教育资源分配模式并不符合资源分配的伦理，合理范围内的差异化分配，以及能够实现所有人利益提升的资源分配才是义务教育资源均衡分配的本质，差异化的结果同样也由此产生。但由于在不同的条件和背景下，初次分配的义务教育资源是不同的，人们是否受益的判断标准也是不同的，当初次分配资源范畴扩大，或者是人们收益标准提高时，势必会引发新一轮的资源平等分配要求。例如以名校为代表的优质教育资源成为人们"上好学"的标准，人人都希望得到更好的教育，义务教育的初次分配范围就从"有学上"，变成了"上好学"，没有进入名校的公众就感觉自己利益受损了，义务教育平等和公正的伦理关系需要再一次进行平衡，补差的作用就完成再一次平衡手段，补充新标准下的义务教育资源，增加人们认同的受益标准内的教育资源，使义务教育资源分配再次完成达到平等与公正的均衡。

资源项目补差表现为从硬件补差向软件补差转变。2014年开始城乡义务教育学校全面薄改，2018年重庆全市的义务教育校舍标准化覆盖率达到85%，硬件设施补差基本完成。人们对教育公正的要求从校舍和硬件转变成为师资资源。全市专任教师多年保持低增长水平，从静态均衡来看优于硬件投入和资金投入，但实际情况正是因为师资总量多年投放不增加，变化极小，形成了静态均衡，而硬件设施在2013—2016年补差效果显著，增减变化幅度大，打破了低水平的均衡状态。2018年义务教育生均师资全国平均水平为每百人6.5名教师，重庆与全国平均水平基本持平。京津沪义务教育生每百人师资数量为8.6人、7.6人和8人[①]，重庆市人均师资配置与发达地区还有较大差距。补充师资队伍数量、提高师资队伍质量是重庆市义务教育资源项目补差中的优先项。

重庆市中学和小学非均衡成因各异，需要进行差别补差。从图7可以看出，各指标在评价中小学均衡程度中的权重是不同的，权重越高，影响力

---

① 数据来源：《中国教育统计年鉴》(2019)。

越大，权重越低，影响力越低。中学均衡评价权重主排名前三的是教育支出/财政支出的比例、生均占地面积和生均教职工数量三项指标，而对小学均衡程度影响力权重排名前三的是生均教职工数、教育支出/财政支出和生均固定资产数，大体符合中小学学校运行管理的特征。小学需要更多的服务人员，保证学生的安全与学习，中学自理能力提高对教职工的要求降低，而对资金支持要求提高。针对中小学运行管理特征进行补差，给出中小学补差的资源布局优先序，将财政支持、生均占地面积和教职工作为中学的补差顺序，将教职工数、财政支持和生均固定资产作为小学补差的优先序。

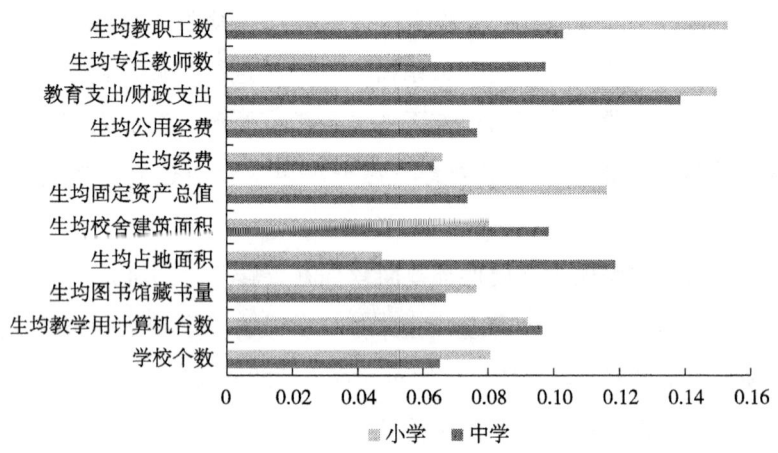

图7　重庆中小学指标权重

（三）建立市级资源调剂机制提高教育资源统筹层次

义务教育资源责任主体分为市、县两级，按照谁出资、谁调动、谁统筹的原则，当前非市直属中小学以区县统筹为主。2006年之后义务教育形成央地共担的出资局面，中央财政对西部地区九年义务教育的专项财政资金支持划给市级财政，成为全市义务教育阶段学生生均公用经费和生均教育事业费的重要组成来源，各区县会通过教育费附加等方式筹集预算外教育事业费，区间的经济发展能力和财政收入在一定程度上决定了教育预算外资金的多寡。对比《重庆统计年鉴（2011—2017）》和《重庆教育年鉴

(2011—2017)》，可以发现，后者统计的各区县教育支出均高于前者①，原因是《重庆教育年鉴》的经费包括了各区县的自筹部分，前者主要是指中央和市财政安排的资金。重庆市最低教育事业费中规定了生均事业费和生均公用经费的底线，鼓励各区县自筹部分预算外经费用于发展本区教育事业，市级财政能够调动的只是本级财政安排的生均经费，各区县自筹经费不在统筹范围内。直到2016年《重庆市人民政府关于进一步完善城乡义务教育经费保障机制的实施意见》提到以"经费可携带、分项目按比例承担"为原则，才给出了经费跨区县流动的依据。同样在师资管理中，更加严格地执行了区县师资编制制度，区县师资流动基本不可能。

分区县管理义务教育的最初目的是下沉教育责任，尤其是在分税体制后，财政责任、人力配置都是区县统筹的动力。义务教育差异化发展时期，分区县管理策略极大地鼓励了区县的自主能动性，强化区域内教育优势，为重庆市迅速提高义务教育发展作出了重要贡献，但也是制约重庆市义务教育非均衡发展的根源。现有义务教育资源配置体制不再适应义务教育发展阶段。具体来说：一是重庆市义务教育发展阶段发生了变化，均衡替代非均衡成为义务教育发展的主要目标，需要提高统筹层次，解决重庆市义务教育面临的差异化问题。二是回归义务教育纯公共服务的本质，需要提高统筹层次，调动资源进行支持。纯公共产品的特征是政府供给，保证全民基本需求，收费极低或者不收费。只有在财政、人力、管理方式、教学内容等资源的基础上，才能实现政府义务教育服务的供给。重庆市级政府不掌握义务教育资源，很难开展义务教育服务。三是均衡义务教育服务是缩小地区差距的必然内容。地区非均衡发展的最初成因是资源禀赋不同，各个区域占据了不同的自然条件，自然形成了人口的集聚和流动，随着经济发展地区间的自然资源差异被社会服务差异所替代，人口聚集的动力从自然资源转向了公共服务，教育、医疗、居住、养老等条件的优越性更加能够吸引人口。要平衡区域的发展，减少因公共服务差异而带来的地区非

---

① 例如，2016年《重庆市统计年鉴》给出的全市教育支出为467.96亿元，《重庆市教育年鉴》给出的教育支出经费为645.87亿元。

均衡发展,首先要做到的是均衡区域公共服务发展,义务教育是最重要的内容之一。

建立重庆市义务教育资源调剂机制要做到:一是要承认区域义务教育资源分布有差距。建立市级教育发展调剂经费,为偏远地区、农村地区、贫困地区的义务教育等资金弱势地区提供资金支持。追平主城区义务教育经费的方法有两个:第一,减少主城的投入,用于增加渝东北地区和渝东南地区投入;第二,允许主城地区先自己努力投入,通过政策倾斜追平主城和非主城的差距。显然削峰填谷的方法并不可取,只有动用市级政府的专项资金,在承认差距的基础上逐步缩减差距。二是承认师资的流动性。引发师资区域流动的因素有很多,待遇、编制、家庭都有可能引发师资资源流动变化。市级统筹师资的管理方案在承认师资流动的基础上,合理运用薪酬激励和编制管理实现各地区师资力量的强化与改善。编制的意义不限于限制教师的流动,而在于吸引人、留住人和培育人;师资薪酬待遇不应该完全依靠地方财政,尤其是偏远地区的师资薪酬要用市级财政予以保证;在校生人数是师资配比的标准,但守住贫困地区、偏远地区和农村地区的师资资源是底线,不能因为生均标准削减对这些地区师资资源的配置。三是要坚持调节结果相对均衡和公正,而不是绝对平等。义务教育均等从起点均衡、过程均衡转向结果均衡,是一个均衡发展的过程,而不是一个绝对平等的结果。在这一原则上建立全市义务教育调剂机制要鼓励条件好的地区往前走,要推动条件差的地区跟上步伐,共同进步。

## 参考文献

[1][法]莱昂.狄骥.公法的变迁—法律与国家[M].郑戈,冷静译.沈阳:辽海出版社,春风文艺出版社,1999:53.

[2]康绍邦,赵黎青等.中国社会公共服务体系研究[M].北京:中共中央党校出版社,2008(2).

[3]唐铁汉.建设服务型政府与基本公共服务均等化[J].国家行政学院学报,2008(2).

［4］罗尔斯. 正义论［M］. 何怀宏，等译，北京：中国社会科学出版社，1998：115.

［5］阮成武. 我国义务教育均衡发展政策的演进逻辑与未来走向［J］. 教育研究，2013（7）：37－45.

［6］《重庆统计年鉴》（1998—2019）.

［7］《2019年重庆市重庆市国民经济和社会发展统计公报》.

［8］李柯柯."后均衡化"时代基础教育优质资源攻击模式及路径研究［J］. 江苏教育研究，2018（11A）：3－7.

［9］《重庆市人民政府关于进一步完善城乡义务教育经费保障机制的实施意见》（2016）.

［10］2007年《重庆市义务教育阶段学校学籍管理办法》.

［11］2012年重庆市《关于进一步推进中小学布局结构调整的实施意见》.

［12］邬平川. 学前教育投入的财政法保证研究［D］. 安徽大学博士学位论文，2014（4）：13.

［13］《中国教育统计年鉴》（2019）.

# 决胜全面小康背景下怀化市乡村文旅融合发展的实现途径研究

◎罗依平 倪 锐 谭步康[①]

湘潭大学公共管理学院 湖南 湘潭 411105

**摘 要**：文化是旅游的灵魂，旅游是文化的载体。随着全面建成小康社会的推进，大众对文化旅游产生了浓厚的兴趣。对于怀化这样的经济欠发达地区来说，促进文化与旅游的深度融合发展具有重要的战略意义。本文通过分析怀化的旅游资源以及文旅融合发展的现状和问题，提出通过加大宣传力度、充分利用现有资源、提供政策支持、应用现代体验技术、完善旅游配套建设、推出文旅融合发展新业态的举措来促进文旅融合深度发展，进而助力全面小康社会的建成。

**关键词**：决胜全面小康战略 乡村文旅 文旅融合发展

习近平总书记在党的十九大报告中指出：随着中国特色社会主义进入新时代，我国社会的主要矛盾已经转化为人民日益增长的美好生活需要和

---

[①] 作者简介：罗依平（1964—），男，湖南双峰人，苏州大学政治学博士，湘潭大学公共管理学院教授，博士生导师，研究方向为公共政策与行政管理；倪锐（1998—），女，湖南株洲人，湘潭大学公共管理学院硕士研究生，研究方向为行政管理；谭步康（1998—），男，湖南长沙人，湘潭大学公共管理学院硕士研究生，研究方向为行政管理。

不平衡不充分的发展之间的矛盾。[1]按照党中央的战略部署，2020年是决胜全面小康社会的关键节点。随着人民生活水平的不断提高，国民的生活幸福指数不断上升，大众不仅限于对物质生活的追求，还开始关注自己对于精神生活的追求，而旅游作为一种追求精神生活的方式，越来越受到大众的追捧，成了大众追求美好生活的一部分。随着旅游业的快速发展以及消费升级，大众对旅游的需求出现多元化、个性化的趋势，不仅仅是像以前一样以拍照、购物为主的走马观花的打卡式旅游，充满文化氛围的景区景点已经逐步成为大众出行的选择，人们开始对博物馆、民俗风情、实景演出产生兴趣。尤其是近年来，《国家宝藏》《上新了·故宫》《走进颐和园》等文化类型的综艺节目及纪录片的出现和走红，使旅游者更加关注充满吸引力和感染力的文化旅游胜地，文化旅游也开始成为一种时尚。怀化市属于经济欠发达地区，在全面建成小康社会的关键时刻，推进乡村文旅融合发展是一次重要的战略机遇。抓好机遇，需要把握好乡村文旅融合的特点与发展方向，坚持"宜融则融，能融尽融"的思路，以文促旅，以旅彰文，加快乡村文旅融合发展步伐，从而为实现脱贫攻坚和全面小康目标作出贡献。

## 一、推进乡村文旅融合发展对实现决胜全面小康战略的重要价值

2020年是决胜全面小康的收官之年，而怀化既是经济欠发达地区，又是扶贫攻坚的重点地区，其所面临的困难和任务还很繁重，需要通过多种方式来助力脱贫攻坚和全面小康。旅游扶贫是一个不错的途径，特别是乡村文旅融合发展可以作为怀化市决胜全面小康的重要方式。怀化市文化与旅游资源丰富，乡村文旅融合不仅可以推动文化输出，实现区域协调发展，还可以带动旅游目的地的经济社会发展，这对于决胜全面小康具有重要的战略意义。

### （一）文旅融合发展是推动文化输出的重要方式

文化作为综合国力竞争非常重要的因素，在决胜全面小康的关键时刻，

其发展繁荣是至关重要的。文旅融合发展能够在旅游的过程中体现文化、了解文化、理解文化，从而以一种潜移默化的方式将文化传播出去，提高文化软实力。我国是一个文化大国，中华上下五千年的历史和文明都是国之瑰宝。保护和传承传统文化，培育和发展当代优秀文化是发展中国特色社会主义文化，树立文化自信的基本要求。[2]但是就普遍来说，国民主要是通过素质教育或者一些文化节目等途径来了解文化，途径过于单一，如果能够将文化融于旅游中，这是一种无形的文化输出，让游客在游玩的过程中了解文化的魅力，并且愿意通过社交平台和短视频App将文化传播出去。例如，近年来的短视频博主李子柒，她被大众称为文化输出者。她以短视频的方式将文化进行输出，大众通过短视频了解到中国文化。而她的走红恰恰说明国民对于文化的关注度还是很高的，文化的魅力也是极高的，而需要的只不过是通过某种媒介或者方式来传播，文旅融合发展就是一种重要的方式。

（二）文旅融合发展是实现区域协调发展的重要途径

区域协调发展与全面建成小康社会，是中国现代化建设的两种发展视角，也是两个发展维度，彼此之间相互促进，相互推动。[3]地区的协调发展，主要是经济、政治、文化、生态和社会协调发展，怀化目前的文化与生态发展是其长处，而经济社会的发展是其关键性的短板。[4]利用其生态和文化的长处可以推进文化旅游的融合发展，进而弥补经济社会发展的不足。但是在发展旅游的同时也需要注重生态环境的保护，实现可持续发展，文旅融合发展可以满足这一需求。通过科学合理的开发和规划，能够在文化旅游资源得到充分有效利用的同时对生态环境进行有效的保护。

（三）文旅融合发展是促进旅游目的地经济发展的重要举措

经济的持续健康发展是全面建成小康社会的目标之一，文化和旅游融合发展具有特别强大的经济力量。游客外出游玩是为了愉悦身心，享受一种与平时生活截然不同的感觉。旅游的过程必然带来消费，而消费是提高收入、增加经济的一个重要途径。尤其是对经济欠发达地区来说，乡村文化旅游特别重要，文化和旅游融合发展可以为当地创造更多的就业岗位，也可以拉动其他产业的发展，引进更多的投资和商家。同时旅游目的地的旅行社可以根据游客的需求设计出旅游线路，提供旅游产品以及吃、住、行、游、购、娱的配套服务，例如，提供导游、提供与当地文化有关的实景演出、提供纪念品等。旅游目的地的居民可以根据游客的需求以及景点的特色提供与旅游消费有关的服务，例如，可以提供自制的当地特色美食产品和手工饰品、当地特色农家的旅游服务等，这一系列的活动对于当地的经济社会的可持续发展都是最佳助力，进而为决胜全面小康添砖加瓦。

## 二、怀化市乡村文旅融合发展的现状分析

（一）怀化市的文化与旅游资源状况

怀化市的自然旅游资源十分丰富，它位于长江以南的东部湿润季风区，处于云贵高原东部的雪峰山脉和武林山脉之间，具有多种气候特征。[5]这里有山有水，有溶洞，有闻名遐迩的丹霞地貌景观，例如，飞水洞、飞山、黄溪瀑布等。作为一座历史悠久的城市，其人文旅游资源更是数不胜数。怀化市位于西南少数民族和汉族之间的文化过渡地带，文化具有多元性的特征。这里聚集了一些少数民族的村落和村寨，传承着少数民族的风俗风情，这里汇集了侗族、苗族等少数民族的文化传统，其饮食习惯、服饰用品、特殊节日等都是非常重要的文化旅游资源，另外沅陵的盘瓠文化、龙舟文化、巫傩文化、跳香文化以及宗教文化也都有各自的特色、原汁原味、流传千古、文化内涵深厚。同时怀化也曾经是抗战史上的重要城市之一，而这里曾养育过文化名人，现如今都已经成为重要的旅游景点，如中国人民抗日战争胜利受降纪念馆、飞虎队纪念馆、怀屈楼、芙蓉楼、粟裕大将故居等。这些独特的旅游资源大多融合了当地文化、风俗、民俗等特点，都是非常值得深入挖掘的，通过结合本土文化特色进行创意设计就可以打造全新的卖点，推进怀化市乡村文旅融合发展。

（二）怀化市文旅融合发展的主要成效

1. 政策成果

随着国家对文化旅游的大力推进，文旅融合成为旅游业的热点。早在

2016年，怀化市就先后出台了《关于建设旅游强市的决定》《关于加快推进生态文化旅游发展的意见》等一系列政策文件来推进文旅产业和文旅市场的发展，为乡村文旅融合发展奠定了政策基础。同时为了响应文化与旅游融合发展的号召，在2019年组建了怀化市文化旅游广电局，履行政府主管部门的职责，加大了对全市乡村文旅融合发展进行指导、支持、协调与监督的力度。

2. 经济成果

怀化市通道县坪坦乡入列湖南省首批十大特色文旅小镇，是"百里侗文化长廊"的核心腹地，其拥有8处全国重点文物保护单位和两处省级文物保护单位，被称为"中国民间艺术之乡"，2018年接待各类游客108万人次，旅游综合收入达3.24亿元。[6]沅陵县借母溪利用自然资源优势建设发展，兴建文旅项目达82个，全年共接待游客32.5万人次，实现旅游总收入1.23亿元，人均年增收4000元以上。[7]中方县激发文旅市场活力，提振文旅市场信心，推动文旅产业融合，助农增收，变乡村田园风光为旅游景点，并已创建3家国家级3A景区、6家省级五星乡村旅游点，完成7个贫困村乡村旅游发展规划，乡村文化旅游产业总投资4174.7万元，带动5786户19074贫困人口（占全县贫困总人口的22.67%）年增收175.4万元。[8]怀化市乡村文旅融合发展有效地巩固了脱贫攻坚成果。2019年怀化市文旅产业提质升级，全市19个生态文化旅游重点项目完成投资39.9亿元；全年接待游客6670万人次，实现旅游总收入527亿元，同比增长13%。[9]

3. 项目成果

近年来，怀化市大力发展红色文化旅游，举办"荣耀雪峰山"首届全国野战运动锦标赛，并大力发展徒步旅游，开展怀化市十大最美徒步旅游线路暨十大文旅地标勘探和评选活动，建设国际标准徒步线路——雪峰山游步道，带动怀化乡村徒步旅游升温。同时，承办"万人同跳广场舞"活动，成功举办洪江黔阳古城国际半程马拉松竞赛及"龙腾潇湘"沅陵、溆浦龙舟赛等文体旅游活动。[10]开展了一系列的节日推介活动，例如沅陵的国际龙舟节、中国芷江和平文化节、"五溪风情、古韵怀化"大型原生态赛歌暨首届洪江古商城"创业向前冲"活动等。自2019年以来,怀化市启动了千里沅江生态文化旅游产业黄金走廊项目前期调研。积极推动非物质文化遗产进景区,通过活动签约一批重大文旅项目,形成《侗山红》《妞子花开》《芳华入梦·1915》《多嘎多耶欢乐侗乡》等为代表的一批经典演艺节目。[11]怀化市以文旅活动带动旅游产业发展,使文旅融合发展深入人心,打响了"神韵雪峰,嗨游怀化"旅游营销品牌形象。让雪峰山、通道皇都侗寨、黄岩生态旅游区等一批古镇古村、生态景观进入更多人的视野,推动了文化和旅游的深度融合发展。

(三) 怀化市文旅融合发展中存在的现实问题

怀化市在文旅融合发展方面虽然取得了一些成效,但是效果并不明显,而且面临一些现实困境。怀化市地理位置比较偏远,经济发展相对落后,虽然文化旅游资源较为丰富,也开展了一系列的文化旅游节庆活动,但是由于宣传力度不够,导致目前许多游客对于怀化文化旅游状况并不知晓。国家对于文化旅游的相关支持性政策在很早之前就出台了,但是由于怀化市文化与旅游融合发展尚处于起步阶段,还没有专业、权威的机构来进行科学合理的规划,加之地处偏远,交通设施尚不健全,部分景区与景点的配套设施较为落后,这就导致游客"进不来"和"留不住"的现象时有发生。另外,专业人才的缺乏也是怀化市文旅融合发展面临的一大问题。由于怀化经济较为落后,很多人会选择去经济发达的地区发展,这样无形之中就使怀化市旅游专业人才相对短缺,从而使得怀化文旅融合发展遭遇人才瓶颈。随着我国旅游新业态的发展,现在走马观花式旅游已经成为过去式,大众对于旅游有着更高的追求和期待,不仅仅是走过路过就可以,更多的游客会有尝新、猎奇的心理,抱着旅游就是体验不同文化和生活经历的心态。但是由于目前怀化市的文旅融合发展还处于起步阶段,在这方面对于新技术的体验以及新业态的发展还有较大的欠缺。

## 三、以决胜全面小康为目标促进怀化市乡村文旅融合发展的途径

（一）加大宣传力度

目前文旅融合发展的理念尚未被大众所熟知，需要通过宣传促销等手段来带动理念的传播。在怀化文旅融合发展过程中需要增强其宣传力度，充分发挥具有口碑效应的传播策略以及网络和新媒体的传播功能，吸引人们对怀化文化与旅游资源的关注。可将线上传播与线下推广相结合，例如，可以通过怀化旅游官方微信公众号或者创建怀化乡村文旅微信公众号进行文章推送、怀化旅游官方微博发文、制作宣传片、旅游APP推广、旅行社推广、短视频APP传播等方式将怀化市即将举办的乡村文旅活动或者节庆活动进行宣传，提高怀化旅游的曝光度和知名度，促进怀化文化和旅游资源的大力传播，提高大众对怀化特色文化和特色旅游的兴趣。

（二）充分利用现有资源

怀化市的文化和旅游资源相当丰富，这为文化旅游融合发展打下了一个很好的基础，因此可以通过充分挖掘怀化当地的文化资源进行整合，例如，中国人民抗日战争胜利受降纪念馆、飞虎队纪念馆、怀屈楼、芙蓉楼、粟裕大将故居等，这些旅游景点的文化内涵极其丰富，可以通过不断挖掘背后的故事，将故事融入游乐之中，推进文化和旅游深度融合发展，为旅游产品注入更多的文化因子，让游客体验和感受到怀化市的文化魅力，在行万里路的过程中更加深刻地体验和消化万卷书。在对资源进行整合的过程中要不断地融入文化的价值，拓展其产业规格，引导附近的相关产业协同发展，营造良好的文旅环境。

（三）提供政策支持

旅游政策对一个地区的旅游发展起着导向型的作用，尤其是对于怀化这类经济欠发达地区来说，政策的支持和推行起着至关重要的作用。怀化在促进文化和旅游融合发展的过程中，光靠普通的宣传和旅行社的自发推进是远远不够的，为了推进文化和旅游的深度融合，需要政府参与其中，

制定规划和策略。例如，政府部门需要对旅游业进行扶持，提供相关资金和政策，让产业联合发展，文化和旅游等相关部门需要对怀化的文化旅游资源进行相关的整合和统计，做好规划，使资源得到充分的利用，环境和环保等相关部门需要对文化和旅游资源融合过程中可能产生的相关污染问题进行评估，将可持续发展作为一个至关重要的评估标准等。

（四）应用现代体验技术

文化和旅游融合发展在原本的发展路径的基础上，也要注意增强与现代体验技术的融合，将旅游过程变得更加生动灵活，提升游客的体验感，增强趣味性，而不是贯彻枯燥乏味的走马观花式旅游，要使感官充分感受文化内涵，润物细无声，才能使文化和旅游的意义得以提升。旅游景区需要根据旅游者对旅游的要求设置可供体验的项目，与现代 AR、VR 技术相结合，通过虚拟情景再现或者打造全新的故事，通过体验感的直观感觉来加深游客对于文化和旅游的感受，最终到达文旅融合的目的。例如，在重要的红色旅游景区可以通过制造虚拟场景，再现当年的战争过程，游客可以选择一个人物角色，进入虚拟场景，体验当初艰难的战争过程；在伟人名人故居怀屈楼、粟裕大将故居等相关的景区景点，可以将所知晓的相关人物故事制作成动漫，游客可以通过虚拟场景精简体验该人物一生或者是人生中的某些重要时刻，让游客在赶追现代体验技术潮流的同时感受旅游目的地的文化所带来的历史感和新鲜感。

（五）完善旅游配套建设

交通对于一个地区的旅游发展至关重要，便捷的交通会促进一个地区旅游业的发展。怀化位于湘西的山区地带，属于经济欠发达地区，交通不甚便利，因此需要完善旅游交通建设。加强航空、铁路、公路与周边的景区连接，提升各大站点的旅游接待服务，如果市内公交有路过或者直达景区的，可以视情况增加班次，完善沿途的景点标识，停车场的设置需要合理，根据客流量等相关数据来划归停车场，同时景区可以与各大旅行社合作，提供旅游包机服务，使游客在旅途之中不会降低自己的期望值。进而不会让怀化因为交通条件落后而流失游客，进而阻碍文旅融合发展的步伐。

## （六）推出文旅融合发展新业态

目前全域旅游的理念深入人心，文化旅游、乡村旅游、红色旅游、康养旅游等旅游新业态成为旅游产业发展的新方向，也成了大众所追捧的旅游热潮。怀化可以紧跟旅游新业态的热潮，根据不同游客的需求进行创意设计，推出一些旅游精品路线和旅游产品。例如，目前很火爆的康养旅游就是针对当前中老年人对于健康养生的多元化需求，使游客在旅游的过程中身心、心智和精神都达到一种最健康的状态。神鹤养生谷就是通过利用生态旅游资源，推动文旅康养深度融合发展的一项民生工程，是怀化第一家融养生与温泉度假于一体的康养项目。研学旅游就是针对学生等青少年群体对于学与游并存的需求，设计出一些旅游产品和线路，使游客不仅读万卷书，还能够行万里路，通过自身的经历加深对于此次学习内容的理解。

怀化处于后发展地区，发展乡村旅游是一个不错的选择，将美丽的自然生态景观打造成一个适宜休闲游玩的旅游度假胜地。同时怀化也有许多红色基地，可以依托这些资源，设计一些红色旅游产品，发展红色旅游。通过发展这些旅游新业态，来促进文化和旅游融合发展。与此同时，还要通过引进和培养并举的方式，打造一支思想过硬、素质优良的专业人才队伍，以适应新时代乡村文旅融合发展的需要。

## 参考文献

[1] 习近平. 决胜全面建成小康社会　夺取新时代中国特色社会主义伟大胜利［R］. 北京：人民出版社，2017：35.

[2] 刘治彦. 文旅融合发展：理论、实践与未来方向［J］. 人民论坛·学术前沿，2019（16）：92 – 97.

[3] 李曦辉，黄基鑫. 全面建成小康社会：区域协调发展［J］. China Economist，2020，15（1）：72 – 107.

[4] 李成实. 贫困地区旅游产业精准扶贫研究——以怀化市为例［J］. 科技和产业，2019，19（9）：51 – 54.

[5] 唐德彪. 怀化特色旅游业的发展思路与对策［J］. 怀化学院学报，

2014（3）：03-38.

［6］数据来源：三湘都市报，2019年10月28日．

［7］数据来源：新湖南客户端．沅陵，2020年6月23日．

［8］数据来源：怀化新闻网，2020年6月5日．

［9］数据来源：怀化市人民政府新闻中心，2019年12月23日．

［10］数据来源：怀化市人民政府新闻中心，2019年12月23日．

［11］数据来源：怀化市人民政府新闻中心，2019年12月23日．

# 区块链技术"新基建"的会计数据管理理论构建研究*

◎乔鹏程[①]

西藏民族大学　财经学院　陕西　咸阳712082

**摘　要**：区块链"新基建"需要会计数据管理理论研究的先行构建。文章区块链技术会计数据管理的理论的来源与脉络，基于科技思想的相关理论、经济社会历史学的相关理论、经济管理学的相关理论、会计学的相关理论的区块链与会计数据管理理论视角的推演，在15个具体理论出发构建相关联的6个区块链"新基建"的会计数据管理理论：多层次融合理论、贡献量证明链理论、程序式经济信用体系理论、分布式多中心化数据结构理论、秩序互联网式会计信息体系理论、主权区块链结构理论。创新构建6个区块链会计数据管理理论各有侧重并互相关系，对未来的区块链"新基

---

\* 基金项目：中国农业会计学会2021年度研究课题"区块链与农业会计数字化研究"（项目编号：Nykjxh2021-09）；西藏哲学社会科学基金2021年度项目"西藏农牧业高质量发展与巩固脱贫成果的区块链应用研究究"（项目编号：21CJY001）；2021年西藏高校教师专业实践实战能力提高计划项目"大智移云技术下审计软件与审计业务实践能力提升"；2021年度中国智能财务研究中心重点科研课题"智能财务背景下的数据治理方法研究"；陕西省教育科学"十三五"规划2020年课题"5G时代陕西经管专业教育面临的新机遇新挑战研究"（项目编号：SGH20Y1144）。

① 作者简介：乔鹏程（1981—），男，汉族，山西晋中人，西藏民族大学财经学院副教授，硕士生导师，博士研究生学历。主要从事区块链会计、会计数据管理理论与区块链审计研究，474911826@qq.com。

建"及区块链会计实践具有理论指导意义。

**关键词：** 区块链　新基建　会计数据管理　会计理论　信息技术

## 一、引言

2020年4月国家发展改革委顶层设计层面明确将区块链技术纳入"新基建"（信息基础设施、融合基础设施、创新基础设施）。逐步建设区块链技术"新基建"（姜卫民，2020）将广泛应用于当前宏观会计信息生态系统，[1]对实现技术治理和提高会计信息质量具有重要价值，符合当前国家顶层设计的利益需要（曾月明，2020）。[2]以会计信息为基础构成的宏观会计信息生态系统是经济社会发展的重要信息基础设施，因此区块链的"新基建"与基建后的应用都需要会计数据管理理论研究的先行构建和基础性理论的指导。根据数字经济和大智移云等信息技术对当前会计信息系统实践的现状，而当前区块链"新基建"亟待构建与之相适应的会计数据管理理论指导区块链的会计实践。

文献综述发现，Schmitz（2019）梳理国际文献认为最多的主题是在区块链生态系统中的数据治理[3]、透明度和信任问题（Christoph，2019）[4]。在数字经济时代（祁怀锦，2020）和大智移云等信息技术中[5]，区块链技术有望解决乌尔里希·贝克技术风险思想下现有会计信息技术升级或会计信息系统的技术难题（Ikeda, Kazuki, 2019[6]；卢亚丽，王丹丹，2020[7]）。区块链架构下的公司会计信息系统与内部控制将有效对公司治理发挥作用的同时（Fanning, 2016），[8]链上会计数据共识与共享将对会计信息处理产生影响（Mccallig, 2019；[9] Dai, 2017[10]；朱建明，2019[11]）。由于会计信息治理与管理会计联系紧密（颉茂华，2020[12]；Spithoven，2019[13]），根据经济理论认为瓦尔拉斯一般均衡理论的基础资源稀缺性和效用最大化的实现基础是区块链技术下的管理会计大发展（张先治，2019）[14]，而区块链可以突破管理会计的诸多困境（Tan，2019）[15]。因此，在后发国家技术追赶理论指导下，区块链的会计数据理论研究是中国会计理论发展的一次国际机遇（Kewell，2017）。[16]

现有理论研究主要针对会计信息治理和区块链在会计、审计、财务管理中的应用构想与影响的理论分析研究（Spithoven，2019[13]；曾月明，2020[2]；田琛，2019[17]）。在实务研究方面，区块链研究侧重于对会计及相关领域的应用场景、未来影响、应用构想、应用难点与对策等研究（朱建明，2019）[11]，对基于会计理论体系的区块链对会计信息治理和管理会计理论影响，现有研究还缺乏深入研究。

本文的研究设计，将依据技术迭代创新理论跳出会计思维惯性，用社会发展史理论、科技发展史理论、经济史理论和金融史理论等发展的眼光去面对区块链"新基建"对现有会计理论体系的颠覆性冲击。根据构建区块链技术会计数据管理理论的总体思路（见图1）将从四个方面的15个具体理论中寻找区块链技术会计数据管理的理论的来源与脉络，构建6个区块链技术的会计数据管理理论。基于区块链技术会计数据管理理论构建重要研究价值，区块链技术会计数据管理理论构建研究将是一次有意义研究尝试。研究结论将在数据经济时代推动"新基建"政策需求下会计信息数据理论体系进一步发展。

## 二、区块链会计数据管理理论构建思路与逻辑

在服务国家"新基建"需要的理论研究背景下，从科学技术思想的相关理论、经济社会历史学相关理论、经济管理学相关理论、会计学的相关理论四个方面的15个基础理论出发，基于区块链技术会计数据管理进行15个基础理论解读与推演，在区块链技术会计数据管理理论的构建思路与总体逻辑图（见图1）的指引下，沿着基础理论来源与脉络进一步发展出6个具体的区块链技术会计数据管理理论。

沿着图1的基础理论脉络演绎，基于系列基础理论从会计视角对区块链数据管理理论进一步推演，归纳出多层次融合理论、贡献量证明链理论、程序式经济信用体系理论、分布式多中心化数据结构理论、秩序互联网式会计信息体系理论、主权区块链结构理论。

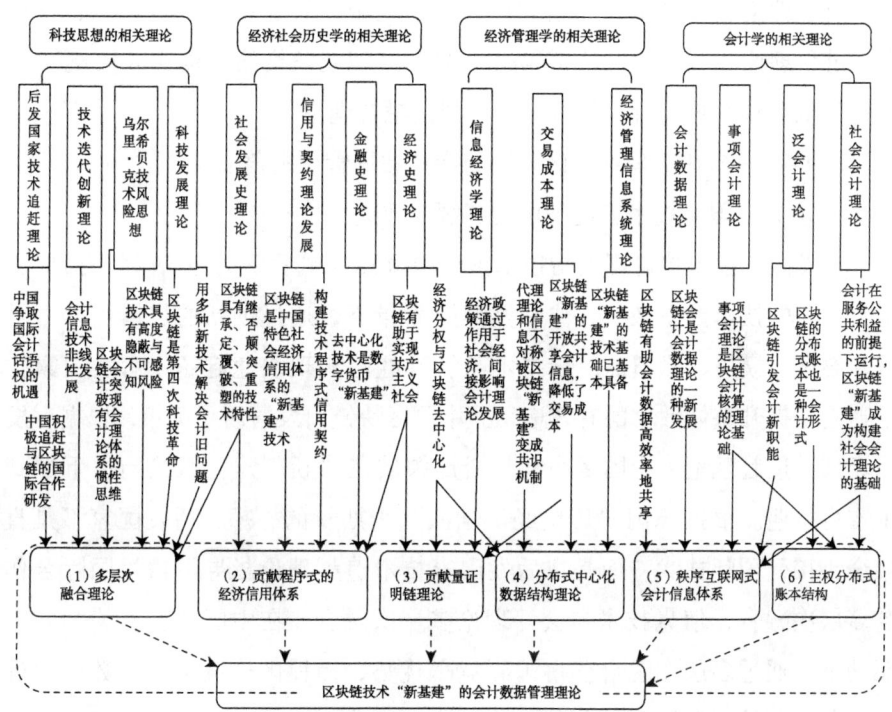

**图 1　区块链技术会计数据管理理论的构建思路与总体逻辑**

"新基建"背景下 6 个理论共同构成区块链技术会计数据管理理论，但内容侧重各不相同：（1）多层次融合理论是区块链具体建设过程的全局性思考，有助于区块链明确发展路径；（2）程序式经济信用体系理论是对区块链进行会计本质的理论思考；（3）贡献量证明链理论是对区块链运行规则的理论丰富和创新；（4）分布式多中心化数据结构理论是针对区块链现有数据结构的进一步细化和中国情景下过渡式数据结构的理论创新；（5）秩序互联网式会计信息系统理论是对区块链未来发展趋势的预测和目标设定，为技术发展指明了方向；（6）主权区块链结构理论侧重于对区块链去中心在中国式情景下的调适。下文将对这 6 个理论形成归纳过程和内涵进行详细分析。

## 三、具体区块链会计数据管理理论构建过程与内涵解读

### （一）从科技思想相关理论到多层次融合理论

"新基建"背景下，选取科技思想相关理论中与区块链有关的后发国家

技术追赶理论、技术迭代创新理论、乌尔里希·贝克技术风险思想、科技发展过程理论等，进行区块链与会计数据管理视角推演，构建区块链"新基建"的会计数据管理具体理论即多层次融合理论。

1. 科技思想相关理论的区块链与会计数据管理视角推演

（1）后发国家技术追赶理论的溯源与演进

后发国家技术追赶理论指技术落后国家具有"后发优势"，因为历史负担和行业的技术壁垒较小，"新基建"背景下，通过创新的热情和动力学习、尝试、模仿、颠覆前沿新技术与管理经验实现快速赶超，后发国家技术追赶是提升整体效率的有效途径。中国区块链研发落后了7年，根据后发国家技术追赶理论，中国区块链与会计领域在"新基建"政策指引下遇到了难得机遇。根据德国"历史经济学派"李斯特的思想，后发国家不是直接全盘接受国际技术，而是在后发国家技术追赶理论指导下通过国际合作与多层次融合，信息技术与会计理论多层次融合，在中国"新基建"政策驱动下，通过多层次融合获得国际竞争优势，捕捉区块链与会计数据管理国际化竞争的主动发展机会（Kewell，2017）[16]。

（2）技术迭代创新理论的溯源与推演

会计信息技术发展史就是一个典型的技术迭代创新过程，区块链会计与传统会计核算理论体系存在基础性不同，学者应以技术迭代创新思想尝试研究和构建不同的新会计数据管理理论。区块链通过互联网技术重塑和颠覆了现有会计信任与会计数据，未来终将形成一个全新的会计生态系统。区块链是信息的基因，所以会计数据理管理应通过多层次融合进行信息技术与会计业务的全局性思考，迭代创新地地赋予信息技术以会计生命（Kewell，2017）[16]，会计数据管理更加智能化和人本化。

（3）乌尔里希·贝克技术风险思想的溯源与演进

学者乌尔里希·贝克率认为高新技术由于高度隐蔽和不可感知而产生双面性，技术先进与技术风险共同伴生（Tan，2019）[15]。

乌尔里希·贝克认为跳出现有理论体系的思维局限，通过跨界和跨领域的组织治理是防范新技术风险的有效路径。所以通过多层次融合重构会计数据管理理论以解决会计领域的传统困境，用新技术去治理旧技术，"新基建"方向下，区块链技术的特性在解决会计信息痛点问题上将大有可为。

（4）科技发展过程理论的溯源与演进

不同技术组件结合创新成为新技术产生的主要方式，科学发展史表明，科技发展是科技进步与科学理论革命交替统一的过程。随着资产的数字化，区块链可以看作是第四次世界科技革命之一。区块链技术将从记账主体、记账形式、记账作用、记账范围、记账技术五个方面影响未来会计数据发展的历史进程（Schmitz，2019）[3]。当然区块链会计数据管理领域的发展一定会伴随着对传统会计理论的继承、否定、颠覆、突破的突变过程，现有会计数据管理理论会被重塑。

2. 多层次融合理论的构建与内涵解读

根据后发国家技术追赶理论、科技发展过程理论和技术迭代创新理论，区块链"新基建"的实践与理论研究不可能一蹴而就，必然要经过多层次融合，多层次融合理论的内涵是：（1）区块链多项新技术融合。区块链技术已被普遍地认为是与云计算、人工智能、大数据、物联网等新一代信息技术共同造成颠覆性影响的不可或缺性技术。（2）区块链需要多个国家与地区技术融合。中国与不同国家与地区进行技术竞争与合作，避免国际通过技术优势形成竞争压力（Kewell，2017）[16]。（3）区块链会计数据的线上与线下融合。区块链的实施需要漫长时间。强调线上公共账本数据共享之外，还要兼顾与公共账本之外会计数据的相互融合（Mccallig，2019）[9]。（4）区块链会计数据管理与多领域融合。根据乌尔里希·贝克技术风险思想，只有会计与其他领域多融合才能真正实现区块链的广泛应用，才能成为推动建立全社会的价值互联网和秩序互联网的基础。

（二）经济社会发展史的相关理论到程序式经济信用体系理论

不同历史背景下经济信用体系表现形式不同，从区块链技术视角选取的经济社会发展史相关理论，应用区块链与会计数据管理视角推演，构建出具体区块链的程序式经济信用体系理论。

1. 经济社会发展史理论的区块链与会计数据管理视角推演

（1）社会经济发展史理论的溯源与演进

会计是社会经济进行微观管理的工具，会计服务于经济与管理，中国特色社会主义建设需要会计最终为公共利益服务。1817年圣西门提出实业制度，实业制度要促进社会主义社会实现，就需要为真正的社会主义社会劳动者的利益服务，区块链的公共账本可以实现会计信息向普通公众"真正的社会劳动者"开放共享，与社会主义社会的公共账本信息共享更有利于社会主义的人人平等和社会资源的公平共享与有效配置相适应，所有社会经济发展需要一个基础性的程序式经济信用体系。1829年Charlesfourier（傅立叶）的"和谐制度"希望通过普遍的社会协作制度来代替资本主义社会的个人竞争制度，区块链的共识机制，实现了会计主体的"普遍的社会协作制度"。1840年欧文认为"公平交换市场"是实现社会主义改造的必要条件，区块链创新的信任体系，为公平交换市场建议提供了技术条件，构建程序式经济信用体系。1844年马克思也对未来共产主义社会形态进行了构想。圣西门、傅立叶、欧文、马克思所处时代的信息技术水平难以支撑相应的社会构想，区块链的理念在一定程度上契合了这些社会发展构想。根据以上社会经济发展史理论，未来共产主义社会的理想状态与区块链的技术特征是相符的，区块链将是程序式经济信用体系的基础。

（2）经济史理论的溯源与演进

区块链技术的会计数据管理理论研究，深受经济环境和经济政策影响。西方经济理论史经历了"从重商主义提出——亚当·斯密对重商主义理论的革命——杰文斯提出'边际革命'——凯恩斯提出宏观经济理论——马克思发展劳动价值理论"，这一时期也是西方会计理论大发展的时期和动力所在。中国近代会计理论落后于西方的根本原因是近代中国社会经济发展水平落后。

当前中国以公有制为主体的社会主义经济制度与以会计准则为主的会计信息制度存在矛盾，而区块链所形成的公共账本，为中国社会主义社会的宏观财务调节提供了会计信息的便利与可能，有望解决这一矛盾。中国经济的进一步发展，区块链会计理论和中国的经济环境也为会计理论发展提供了经济基础。

（3）金融史理论的溯源与演进

区块链最早产生与应用于金融领域，金融中货币的发展与技术进步有关。随着数字经济与信息时代到来，社会财富虚拟化、可编程化、数字货币产生，2020年初中国人民银行发行了数字货币，区块链为这一金融时代奠定了会计记录的技术基础，使程序式经济信息体系理论的出现提供了可能。

金融史的发展需要会计信息数据管理理论的发展与之同步。数字货币出现和区块链下财账合一，会计活动被催化为会计与财务管理活动的结合，区块链时代的互联网就是一种价值互联网。价值互联网是区块链技术使互联网上不再仅能传递信息，在资产数字化后，互联网构建成为交易信任的基础，并成为资产的有效传递有通道，所以基于区块链技术的程序式经济信用体系得到产生发展。区块链打破金融精英化、集权中心化管理、过度中介化，区块链促使基于会计信息生态的程序式经济信用体系出现，最终金融良性发展。

（4）信用与契约理论发展史的溯源与演进

新古典经济学的信用与契约理论认为，市场的理想状态是会计信息是对称的，会计信息是经济契约和社会信用得以为经济活动双方建立契约的基础，其中不可更改和真实可信的会计记录是交易的最主要经济信用基础。现有会计信息系统无法保证会计记录绝不篡改，但是区块链技术具有这一特性（Fanning, 2016）[8]，所以区块链技术有助于理论信用与契约理论假设的理想状态成真（Ikeda, 2019）[6]，即程序式经济信息体系的产生。

社会主义市场经济是契约信用经济，宏观财务体系是社会主义生产关系的一个重要的核心部分。信用与合同和契约紧密相连，信任是理性人的经济行为选择的结果，信个体，信组织，还是信程序和信机器？区块链为通过会计记录建立社会经济信用体系提供了一种新的路径。区块链有助于会计信息公开，共识机制可以让不同会计主体省去了重复博弈的过程，实现了新古典经济学理论设想的经济信息完备状态（Mccallig，2019）[9]。

2. 程序式经济信用体系理论的构建与内涵解读

区块链是通过"互联网+大数据+区块链+会计信息数据"构建的全球程序式经济信用数据管理。维护社会经济的基础会计信息数据，强调区块链平台所有参与会计主体（节点）间点对点的平等网络进行共同记账、自由公正、相互共识（Christoph，2019）[4]、相互监督、共同维护，实现中国特色社会主义市场经济体系的会计信息基础作用的理想设定，区块链技术程序式经济信用体系理论构建原理如图2所示。

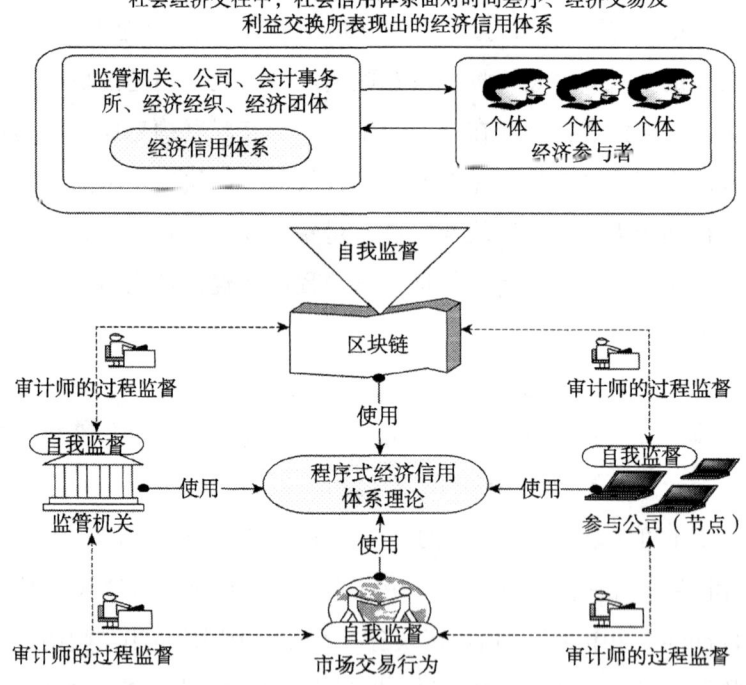

**图2　程序式经济信用体系理论构建原理**

以会计信用为基础的社会经济信息体系是会计主体与利益相关者（包括会计信息生产发布者、政府相关部门、法律法规、社会监督者等）依据法律、准则、制度等要求在会计信息生产、传递、披露过程中建立相互信任的履约基础。区块链是会计信用信息公共服务平台，区块链是有效解决财务舞弊和会计虚假的信用与信息痛点的技术方法（Tan，2019）[15]。

程序式经济信用体系理论中，区块链技术通过大量运算实现全平台会计主体程序式经济信息数据传递，达到经济信用体系构建。每个会计主体的经济信用会计记录都不可再更改，并且每个会计主体都拥有相关会计记录数据的全部查询权限和数据所有权。对方可以查询到区块链中无篡改的所有信用相关证明，获得其信用等级（Fanning，2016）[8]。程序式经济信用体系理论的理论价值并不局限于会计核算与会计数据管理，其深化了会计本质，真正实现新基建下"会计数据是建立社会经济信用体系的基础"。

### （三）从经济学相关理论到贡献量证明链与分布式多中心化数据结构理论

区块链的经济理论基石和研究起点主要是数字经济理论、信息不对称理论、经济信息学理论等。从区块链技术视角选取理论进行区块链与会计数据管理视角推演，构建贡献量证明链理论与分布式多中心化数据结构理论。

#### 1. 经济学相关理论的区块链与会计数据管理视角推演

（1）信息经济学理论的溯源与演进

信息经济学是指在非对称信息博弈中，通过控制信息实施欺骗的可能性就会降低。区块链提供了智能合约（Dai，2017[10]）、贡献量证明、程序式信用体系和会计记录信息共同记录，这成为解决信息经济学囚徒困境的重要途径，每个市场参与主体由于信息公开，对公共账本的建设作用也被所有参与者共识（Fanning，2016[8]）。

公司内部的不同利益主体也遵从信息经济学的原理，委托代理关系中保障会计信息的共识、呈报、公开的制度与规则可以解决公司管理当局隐瞒不利会计信息的动机等。现有的会计信息质量评价的理论基础是委托代理理论和信息不对称理论，但是分布式多中心化数据结构特点使区块链将从根本上将改变会计的这一理论基础（曾月明，2020）[2]。

（2）交易成本理论的溯源与演进

洛克的私有产权论认为不同的公司进行交易就会产生交易成本，交易成本理论（Transaction Cost Economies）从经济不完全契约视角出发，研究经济活动的"摩擦"成本。以会计信息为基础的交易信用可以将社会经济交易成本和交易"摩擦"成本降到最低，分布式多中心化数据结构下所有会计主体共同维护同一公共账本，从根本上改变了不同公司间由于信息成本导致的交易成本。

企业外部交易成本和企业内部管理成本的"成本差"关键是会计信息的成本，而记账技术的革新可以降低会计核算成本。区块链平台的所有会计主体是权利和义务对等的节点端，共识机制使所有会计主体共同维护同一公共账本，扩大了会计主体边界，打破了交易成本理论中公司的规模局限。区块链技术下的交易成本中的经济关系和生产关系发生变化，公共账本中的会计信息成本主要通过公共账本的贡献量来体现，所以贡献量证明链理论得到发展。

（3）经济管理信息系统理论的溯源与演进

经济系统与财务机制决定着会计信息系统形态，经济管理信息系统理论认为每个会计主体都需要构建一套包括多源经济管理信息技术系统。当前会计信息理论革命主要表现为信息经济学、资本市场的证券价格和行为科学研究成果在会计理论研究领域中的广泛应用。云计算和大数据为区块链的实现提供了技术基础和条件，当前数字经济是信息技术和经济管理信息系统支持下的全新的数字化经济体制，未来大数据与区块链会相互融合，分布式多中心化数据结构得到实现。

葛家澍认为会计核算的对象是价值运动，会计信息是经济管理信息系统中最重要的部分之一，区块链的核心就是旨在实现大数据共享，通过分布式多中心化数据结构，提高经济管理信息系统的运行效率，保证共享大数据具有会计信息质量（真实、可信、公允、完整、及时）所要求的标准（Ikeda，2019）[6]。

2. 贡献量证明链理论的构建与内涵解读

经济信息的所有参与主体共同维护公共账本，维护需要运行成本和确定成本大小与谁来承担，现有的区块链是基于经济人假设，如比特币中通过"挖矿"奖励比特币方式的工作量为记账优先的竞争原则（Fanning，2016）[8]。但是在工作量证明链理论下分析，工作量为记账优先的竞争原则的激励方式对区块链内海量的会计主体进行大型协作，显然激励仍然不够充分，不利于会计信息质量提升和区块内信息的完善，所以需要对现有区块链的工作量为记账优先的竞争原则进一步发展成为贡献量证明链理论。

会计核算能力的激励需要方式多元化和更合理的记账绩效评估体系。根据乌尔里希·贝克技术风险思想，恰当地组织激励有利于防范区块链的新技术风险。所以区块链技术单一地以工作量为记账优先的竞争原则，需要扩展为以贡献量（非单一标准）证明链为竞争标准。区块链的会计记录激励需要多元化，记账绩效评估需要多元化，用贡献量对共识机制中竞争性记账的会计主体的算力进行全面评估，并给予更多样的激励。所以，分布贡献量证明链理论比工作量证明理论要有理论进步。

在共识机制执行中，通过贡献量的价值进行多角度多标准的竞争性会计记录衡量。以贡献量为标准的多元衡量，并辅以物质之外的精神奖励，将物质奖励和精神奖励相结合，改变原来区块链完全以物质奖励为主的方式。总之，中国特色社会主义市场经济中，贡献量证明链理论更有利于调动不同会计主体的会计核算动力和会计的计算精确度。

3. 分布式多中心化数据结构理论的构建与内涵解读

基于区块链的结构形态，完全分布式数据结构的实现无法一步到位，目前需要一个过渡形式，即分布式多中心化数据结构理论。分布式多中心化数据结构理论将长期存在，经逐步发展后才能到达真正的分布式数据结构。

由于根据阿罗定律完全分散的数据节点，当参与者足够多时就很难有高效达成会计核算的一致共识机制（Christoph，2019）[4]，所以在目前的社会发展阶段，需要改良的分布式多中心化数据结构理论作为过渡。

分布式多中心化数据结构理论是将区块链中原本的单一区块链条的"绳"结成"网"，通过分布式多中心化数据结构理论这一过渡理论，在分布式数据结构上添加了若干中心化的节点。这些中心化节点不是公司，而是国家管理机关,如财政部、证监会、税务总局、会计师事务所等国家或社会监督机构。平台中运行的程序由国家机关测试、评估、授权、保护。

过渡形式的分布式多中心化数据结构理论的内涵是在区块链实施中尊重国家主权和会计准则,在主权管理体系下的平台运行会计信息与数据(Spithoven,2019)[13]。随着区块链"新基建"的软硬件条件的建设,通过区块链技术的广泛应用,区块链平台接入的会计主体要经过授权,并被监管与审计即时的跨区域、跨场景、跨部门管理,最终在分布式多中心化数据结构理论支持下形成一个受国家监管的立体区块链空间。

(四)从会计学相关理论到秩序互联网式会计信息体系理论和主权区块链结构理论

从区块链技术视角选取会计学的相关理论,包括会计数据理论、事项会计理论、泛会计理论、社会会计理论等,进行区块链与会计数据管理视角推演,构建秩序互联网式会计信息体系理论和主权区块链结构理论。

1. 会计学相关理论区块链与会计数据管理视角推演

(1) 会计数据理论的溯源与演进

会计信息数据是会计信息的具体载体,现代会计系统的目标是帮助外部信息需要者通过有效的会计信息数据对公司内部的经营管理形成一定的了解和正常判断,会计信息数据是以"单据、凭证、账本、报告"等基本形式记录的经济业务过程,以数值、文字、字母、符号、图表的形式集合(祁怀锦,2020)[5]。依据会计数据理论,会计通过对企业价值运动产生的数据构建一个由数据构成的复杂系统,所以会计数据的计量价值是会计核算的最基本要求。

会计信息呈报正在从经济收益计量观向会计信息观的方向发生转移,会计进入大数据时代以后,区块链平台可以在不同的会计主体数据库之间,实现跨平台"财账合一"的经济交易与会计数据记录的同时进行,财账合一除了解决信息的隔离问题外,也解决了长期以来公司内"资金分管"产生的部门不协调问题。"资金分管"为财务部门与业务部门产生了诸多的不协调问题,区块链的财账合一,有望解决这一长期存在的公司管理问题,这为秩序互联网式会计信息体系理论的产生和发展提供了基础。

（2）事项会计理论的溯源与演进

事项法流派是国际会计研究领域六大学术流派之一，George以决策理论为依据提出事项会计理论，专门应用于高度发达的会计信息技术和互联网技术环境中处理会计信息的理论解释与指导。事项会计理论认为经济事项具有多重属性，货币计量的单一属性为会计核算体系减损了经济事项的信息含量，为满足财务信息需要者的多种多样需求，会计需要提供多维度的和非综合的经济事项原始数据。区块链中的会计事项一经数据采集就简化系统中会计处理流程，不再按照复式记账法进行簿记，在事项发生时将数据的会计事项属性、相关资源、外围信息、利益相关者信息等内容集成为一条完整信息链，按照特定结构存储记录于数据库中即可。区块链中会计将不再是信息中心，而是财务报告所需信息的准备者，事项处理中重点是验证和认证会计准则的遵守，担任最后的数据验证者（Tan，2019）[15]。

事项会计理论实现了将会计货币计量与数据描述性记录相结合，可以与区块链技术结合起来，为会计信息需要者提供"原汁原味"的决策信息。事项会计理论的核算理念与传统会计理论存在极大的不同，打破了目前实行的会计理论，能为区块链会计核算方法的落地提供全新的会计流程参考。

（3）泛会计理论的溯源与演进

泛会计理论的出现是源于会计核算对象和工作范围的变化，会计理论正在向宏观化（会计核算对象逐渐扩大）和微观化（会计核算计量细化）不断扩展（颉茂华，2020）[12]，泛会计理论下区块链也因此成为会计范畴中的一部分。

会计环境的巨大变化使传统会计理论体系已将固有缺陷显露得更加明显，传统会计理论的创新与变革已迫在眉睫，区块链会计理论体系的构建正在到来。泛会计理论正是适应经济社会发展和会计实践需要而不断创新的结果，会计内容泛化有利于会计信息质量的提高和对管理对象的进一步识别，形成新的会计分支或新的理论体系。所以区块链这一种新的会计数据管理形式正式进入了会计理论范畴。

（4）社会会计理论的溯源与演进

社会会计又称为"公共服务会计"或"宏观经济会计"，社会会计是区块链技术的会计数据管理理论服务于会计信息采集、会计数据共享、会计大数据分析、信息监管与监控等有助于社会会计的目标实现。在会计学"信息观、计量观、契约观"的三大会计研究框架下，会计信息的根本目标是保证全社会资源得到最优化的有效配置，这对目前区块链完全地去中心化而受到的社会担忧，明确了理论指导方向。区块链不是完全游离于与政府主权下的去中心化，而是在国家领域下的多中心化和弱中心化（Spithoven，2019）[13]，所以需要推动主权区块链结构理论的产生与发展。

区块链的技术特点使社会会计理论的实现有了技术基础，共识机制通过信息技术实现了会计人员从为"自家的"公司记账向为"大家的"公共账本记录转变，区块链将不同会计主体的记账目标统一起来，为社会会计而努力，为共同账本的会计信息质量提升而努力（Fanning，2016）[8]。随着区块链"新基建"的软硬件条件的建设和广泛应用，区块链使会计理论进入了"众证共识"的主权区块链结构理论时代。

2. 秩序互联网式会计信息体系理论的构建与内涵解读

区块链技术是下一代云计算的早期形态，是"信息互联网——价值互联网——秩序互联网"的信息共享工具。根据欧肯"为公平竞争而建立规则"理论，未来区块链将推动社会经济的互联网技术作用从"信息互联网"进化到"价值互联网"，最终发展成为保障社会经济运行的"秩序互联网"（Schmitz，2019）[3]。区块链的秩序互联网模式下，所有业务都搬到网上进行后，互联网秩序就成为经济运行的基础规则。

随着区块链"新基建"的软硬件条件的建设，通过区块链技术，未来公司的会计组织、商业模式、会计信息模式、业务运行模式和公司治理体系，将最终形成一个新的秩序互联网式的会计数据生态系统。会计理论体系也将随之发生革命性变化，会计相关概念，未来将基于这一理念重新构建。在秩序互联网下，区块链能通过会计记录和信息认证的变化彻底解决经济信任和交易基础问题，并推动数据经济的发展。

3. 主权区块链结构理论的构建与内涵解读

主权区块链理论的最初原理在《贵阳区块链发展和应用白皮书（2016）》被提出，即以区块链为基本进行网络空间的公共账本构建，社会主义社会公共账本的目标不是消灭私有制，而是更有效地通过信息共享配置社会资源（Mccallig, 2019）[9]，有利于国家调控社会经济活动。但前提要尊重网络主权背后的国家主权，即不能成为完全无监管、绝对地去中心化或者形成政府主权之外的"新的超级中心"（Spithoven, 2019）[13]。区块链会计核算技术要在政府监控和会计准则的主导下进行。本文根据上述的基础理论梳理，对这一观点进行了进一步发展。

区块链的去中心化理念顺应了社会、经济、数据管理、会计数据的未来发展趋势（Schmitz, 2019）[3]，但是区块链要真正发展成为服务共产主义社会和社会会计的基础会计技术，就必须遵从社会发展史理论和社会会计理论，在国家的领导下进行。所以主权区块链结构与区块链一样具有除去中心化特性，只是在去中心化方面进行了改良，在主权经济管理体制和会计准则之下进行价值交换和会计记录。会计信息的拥有属性决定着会计信息的性质，如果会计信息归国家所有，那么产生这些会计信息的会计系统就是为国家宏观财务和国家整体利益所服务的，所以主权区块链理论强调了区块链的会计信息要为整个社会主义社会的利益服务的基调与思想。

在智能合约中强调自主运行保障和强制执行程序之外，还要坚持智能合约程序要合法，并随时接受国家执法和审计，而不能绝对地以"代码即法律"（Dai, 2017）[10]。根据乌尔里希·贝克技术风险思想，区块链不是完全的无政府主义，而是社会发展史理论和社会会计理论指导下，由国家领导的主权区块链。

## 四、研究结论与启示

区块链"新基建"需要会计数据管理理论研究的先行构建和基础性指导。中国会计研究领域需要积极研究区块链技术的相关会计数据理论，这是中国在国际会计领域争夺话语权和参与国际区块链会计准则制定的一次千载难逢的机会。

本文通过从科技思想的相关理论、经济社会历史学的相关理论、经济管理学的相关理论、会计学的相关理论等多理论共同发展下的会计大数据和会计数据管理系统出发,对15个具体理论进行推演与分析。寻找区块链技术会计数据管理的理论的来源与脉络,构建出:多层次融合理论、贡献量证明链理论、程序式经济信用体系理论、分布式多中心化数据结构理论、秩序互联网式会计信息体系理论、主权区块链结构理论6个区块链技术的会计数据管理理论。6个具体区块链技术的会计数据管理理论各有侧重并互相关联,共同对区块链"新基建"及会计实践理论指导。

## 参考文献

[1] 姜卫民,茆金,张晓兰. 中国"新基建":投资乘数及其效应研究[J]. 南京社会科学,2020(4):20-31.

[2] 曾月明,李路,林伊蕾. 会计舞弊的宏观会计信息生态系统视阈解释及技术治理[J]. 海南大学学报(人文社会科学版),2020(1):89-98.

[3] SCHMITZ J, LEONI G. Accounting and Auditing at the Time of Block chain Technology: A Research Agenda [J]. Australian Accounting Review, 2019 (5): 12-33.

[4] CHRISTOPH V D E, LAFARRE A. Block chain and Smart Contracting for the Shareholder Community [J]. European Business Organization Law Review, 2019 (1): 111-137.

[5] 祁怀锦,曹修琴,刘艳霞. 数字经济对公司治理的影响——基于信息不对称和管理者非理性行为视角[J]. 改革,2020(4):50-64.

[6] IKEDA, KAZUKI. Security and Privacy of Block chain and Quantum Computation [J]. Advances in computers, 2018 (6): 311-337.

[7] 卢亚丽,王丹丹. 基于区块链的制造企业信息共享文明模式研究

[J]. 科技管理研究, 2020, 40 (13): 43-47.

[8] FANNING K, CENTERS D P. Block chain and Its Coming Impact on Financial Services [J]. The journal of corporate accounting & finance, 2016 (5): 53-57.

[9] MCCALLIG J, ROBB A, ROHDE F. Establishing the representational faithfulness of financial accounting information using multiparty security, network analysis and a block chain [J]. International Journal of Accounting Information Systems, 2019 (7): 251-259.

[10] DAI J, VASARHELYI M A. Toward block chain-based accounting and assurance [J]. Journal of information systems, 2017 (3): 5-21.

[11] 朱建明, 郝奕博, 宋彪. 基于区块链的财务共享模式及其效益分析 [J]. 经济问题, 2019 (10): 113-120.

[12] 颉茂华, 王娇, 张婧鑫, 袁岚. 管理会计学40年: 研究主题、方法和理论应用的可视化分析 [J]. 上海财经大学学报, 2020 (1): 51-65.

[13] SPITHOVEN A. Theory and Reality of Cryptocurrency Governance [J]. Journal of economic issues, 2019 (2): 385-393.

[14] 张先治. 论管理会计的内涵与边界 [J]. 会计研究, 2019 (12): 28-33.

[15] TAN B S, LOW K Y. Block chain as the Database Engine in the Accounting System [J]. Australian Accounting Review, 2019 (3): 115-131.

[16] KEWELL B, ADAMS R, Parry G. Block chain for good? [J]. Strategic change, 2017 (5): 429-437.

[17] 田琛. 基于区块链的制造业产能共享模式创新研究 [J]. 科技管理研究, 2020, 40 (11): 9-14.